田中康雄［監修］
藤森和美・
辻 惠介［編集］

発達障害とキャリア支援

金剛出版

監修者のことば

田中　康雄

　ようやくここに,『発達障害とキャリア支援』をお送りすることができ,監修者としては,安堵しています。と,同時にかなりの年月がたってしまったことに,本書に原稿を寄せていただいた多くの筆者の皆様に心からお詫び申しあげます。

　本書は藤森和美先生と辻恵介先生の音頭で,たしか2010年秋に企画されました。しかし,ご承知のように2011年に東日本大震災が起き,われわれのさまざまな仕事の優先順位に変更が生じました。この間,ひとえに待機してくださいました金剛出版には感謝の言葉もありません。しかし,一定時間が経過したことで,たとえば第1章の拙論では,2013年に刊行されたDSM-5についても簡単にふれることができました。その一方で,日本学生支援機構における実態調査にみられるように,時代は短い時間のなかでも大きく変貌するということも自覚しました。

　本書は武蔵野大学社会連携センターが主催した関連するシンポジウムを基盤にし,いわゆる発達障害のある青年の方々の大学生活や就職活動,さらに就労支援のありかたについて,臨床,実践家の方々にできるだけ具体的に解説していただいたものです。筆者は,本書第9章の松尾先生と,第10章の松下事務局長とご一緒し,異分野の話に触れ強く感激したことを思い起こしました。

　どうか,本書を手に取られた方には,それぞれの関心の箇所を,自らの日々の生活に重ね合わせながら,読み進めていただければと思います。

目 次

監修者のことば ……………………………………… 田中康雄　3

第1部　理解編（コーディネーター・藤森和美）………… 7

第1章　発達障害のある青年の理解と対応
　　　　——大学生活と就労支援を考える………… 田中康雄　9

第2章　今，わかっている発達障害の精神医学的背景… 長尾圭造　34

第3章　青年・成人期における発達障害の理解と支援
　　　　——小児期から青年期に至るまでの成長過程と就労支援
　　　　……………………………………… 糸井岳志　57

第4章　社会的自立と就労に向けての課題 ………… 三宅篤子　79

第5章　早期発見・早期治療により就労の可能性を確保する
　　　　……………………………………… 横山浩之　93

第6章　発達障害と問題行動 ………………………… 辻　惠介　109

第7章　発達障害者の就労の現状 …………………… 橋田菜穂　128

第2部　実践編（コーディネーター・辻 惠介）……………………… 143

第8章　職業リハビリテーションと雇用促進……………松田啓一　145

第9章　高等専門学校における特別支援教育と就労支援
………………………松尾秀樹　161

第10章　NPOでの援助者付雇用の実践………津富 宏・松下英樹　183

第11章　発達障害のある方の就労——ジョブマッチングの必要性
………………………………………………石井京子　209

第12章　鼎談
………………………藤森和美・糸井岳志・松浦正一　227

おわりに……………………………………………………藤森和美　255

索　引……………………………………………………………　257

第1部　理解編

コーディネーター・藤森　和美

第1章

発達障害のある青年の理解と対応
―― 大学生活と就労支援を考える

田中　康雄（こころとそだちのクリニック　むすびめ）

1　はじめに

　2005年にアメリカのある大学を視察したとき，大学内に設置されているDisability Center，すなわち障害を持つ大学生を支援するための障害支援センターで，筆者は大きな衝撃を受けた。

　そこでは，大学生活の支援を通じて社会的自立に向けた総合的支援を行っているという。女性のセンター長ご自身が，言語と記憶に躓きがあり，彼女のご子息も重度の学習障害（LD）で，日常生活を送るうえで，さまざまな強いこだわりを持っているという。センター長の部屋には，彼が描いた絵が何枚も飾られていた。「学習障害のかわりに戴いた才能です」とセンター長は母親の顔で話された。筆者が「息子さんは，自分の現実をどう受け止めていらっしゃいますか」と尋ねると，「何とか現実をありのままに受け止めて，前向きに受け入れられるようになりました。親は，早く，早くと子に言うけれど。それが彼の人生なのよね」と，センター長は母親として微笑んだ。

　2007年より，わが国では特別支援教育が開始された。支援が求められるすべての子どもを対象とした「丁寧な教育の提供」と筆者は理解しているが，特別支援教育イコールLD，ADHD（注意欠如・多動性障害），高機能自閉症のある子どもたちへの積極的支援といったイメージが定着したよう

な印象をもつ。これは教育現場に「発達障害」を可視化させる役割をもたせた。そのせいか，学校現場に医療的判断（時に心理検査までが学校内で行われることがある）と医療的理解が過剰に求められてきたように感じる。筆者はそれを学校の医療化と称した。医療的理解から人間理解へといかに歩みを進めるか，それこそが特別支援教育の目的となる。

　筆者は，知識に裏づけられた，生活の質の向上への工夫が発達障害のある方への支援だと思っている。そのためには，「発達障害」という特性を正しく理解すること，次にそうした特性をもつ人たちが，現在の社会環境でいかに生きやすくなるかを創意工夫すること，そして，そのためには，当事者の思いにいかに近づくか，あるいはいかに聞く耳を持つかということが重要になると考える。

II　発達障害とは

　一般に発達障害とは「発達過程が初期の段階で何らかの原因によって阻害され，認知，言語，社会性，運動などの機能の獲得が障害された状態」と理解される。

　ここに最近は，対人能力としての躓きとしての「広汎性発達障害あるいは自閉症スペクトラム障害」，行動上の問題としての「注意欠如・多動性障害（ADHD）」，学習面の躓きの「学習障害（LD）」や巧緻運動面の不器用さによる「発達性協調運動障害」という名称（これらはかつて「軽度発達障害」と呼ばれていた）が追加され，よく知られるようになった。

　しかし，知的な遅れが明確でない場合，子どもが示す言動は，わざとやっているか，躾けられていないと理解されやすい。つまり子どものせいか親の育て方のせいとなりやすい。それは，後述するようなそれぞれの障害特性は，多くの努力と根性で乗り切らねばならない類のもので，子どもの言動を適切にコントロールするのが良い躾であると一般的に理解されて

いるからでもある。

　実際に筆者も漢字が書けない書字障害の小学生のことで担当教師に相談したときに,「漢字なんて,100回も書けば勝手に手が覚えてくれるはずです。それが書けないというは,結局この子の努力が足りないからです」と言われたことがある。何度も注意を受けてしまうADHDの男子生徒は,教師から「先生を舐めているのか！」とひどく叱責をうけ,登校できなくなってしまった。

　まだまだ,この分野は,周囲に正しく理解されにくいという面がある。そして実は医療現場でさえも,時には判断や診断が明確にされにくく,確認されにくい。

　誤解され続け,叱責され否定され続けると,人は自己評価を落としていく。実際に自分のことを「僕は根性無しです」「バカなんです」と評価する子どもたちと筆者は診察室で出会う。それどころか「私の育て方のせいなんです」「私は親になるべきじゃなかったんです」と,必要以上に自分を責め続ける親とも出会う。「一緒に死のうと何度思ったか」と語る親も少なくない。

　発達障害の存在を知らないことは,本来支援が必要な人たちを追い詰め,孤立させ,低い自己評価に陥れてしまう。

　まずはじめに発達障害の基本的特性を最低限に述べる。また,2013年5月に,Diagnostic and Statistical Manual of Mental Disorders：DSM-5が刊行された。日本では改めて障害名の日本語名称化を進めつつ翻訳を目指している状況であるが,ここではDSM-5で改変された内容についても触れることにする。

1．広汎性発達障害あるいは自閉症スペクトラム障害

　診断基準のDSM-IV-TR（APA, 2000）では,広汎性発達障害は,自閉性障害,レット障害,小児崩壊性障害,アスペルガー障害,特定不能の広汎

性発達障害の5つから構成され，ICD-10（WHO，1992）では小児自閉症（自閉症），非定型自閉症，レット症候群，他の小児期崩壊性障害，精神遅滞および常同運動に関連した過動性障害，アスペルガー症候群，他の広汎性発達障害，広汎性発達障害，特定不能のものという8つで構成される。

　DSM-5では下位分類がなくなりautism spectrum disorder（ASD），自閉症スペクトラム障害という名称で総括されることになった。

　現在用いられているDSM-IV-TRの広汎性発達障害の特徴は，

（1）他人への関心が乏しい，視線が合わないといった社会性の差異（躓き）
（2）言葉の遅れ，指差しの発達の遅れ，あるいはオウム返しの期間が長いといったコミュニケーションの質的な差異（躓き）
（3）ごっこ遊びができにくい，ものを一列に並べるなどの他に，ぴょんぴょん跳ねたり，くるくる回るような繰り返し行動といったイマジネーションの差異（躓き）

の3点で，これらが3歳までに年齢不相応にひじょうに目立ちかつ持続的に認められるときに，この障害の有無を検討する。DSM-5では，（1）と（2）を「持続する社会的コミュニケーションと社会的交流の障害」と1つの領域にまとめ，さらに「限局した興味と反復的行動」という2つの領域で診断することになった。

　日常場面では，聴覚や嗅覚などの過敏さといった感覚の差異（過敏／鈍感）を示す場合も少なくない。かつては，1万人に4人程度という発症率（0.04%）であったが，最近ではその理由は不明ながらも0.6〜2.1%程度と多く認められるようになってきた。また最近は広汎性発達障害の部分症状だけを持つ子どもたちが増えてきているという報告もある（鷲見，2010）。

　生後からこうした特性をもつために，当事者である本人は，自分にある特性は周囲のみんなも当然もっていると思っている。それにしても，わか

りにくく，不安，脅威が生じやすい日常に日々困惑し，苦しんでいる。同じ考え，感じ方をして同じ世界を生きているはずなのに，他者と折りあいがつかないことに，悩み，苦しみ続ける。

この障害をもつニキ（2000）は，「私たちにとって，この世界は，とても混乱する場所です。物心ついたときから，自分なりに精いっぱい考えて，普通に生活しているつもりなのに，わけのわからない」事態に困惑しつづけると述べている。成長するにつれて，「なぜ自分だけ，みんなと同じように正しく反応できないのだろう」と悩むという。そのニキが訳した書では，同じ障害を持つ著者グニラ（2000）が，「自分には何かが欠けているに違いない」と記した。

この特性をもって日々を生活することの難しさがここにある。広汎性発達障害のある方々は，今生活している世界が，実は自明でないという非常な不安感と緊迫した思いをもって生きているといえよう。そして親もまた，伝えたい思いが伝わりにくいという難しさに苦しんでおり，わが子の思いをなかなか受けとめにくい。この障害のある子の母親である井上（2000）は，わが子を「自分に向かってくるもの全てに怯え（たとえそれが愛情だったとしても），自分の感情を分かち合う術をもたない障害をもって生まれてきた子ども」と称した。

その結果が躾をしていない親という評価となったときの心の痛みは計り知れない。

この障害は，最近，知的障害を合併しない一群が注目されており，その場合は高機能という名称がつく（高機能自閉症）。本書で展開するように，最近，高等専門学校や大学などに入学してきた学生になかに，こうした特性をもつ学生に気づかれるようになり，それぞれの現場での対応が求められるようになってきた。

そして，広汎性発達障害のある青年期の方々は，上記の特性に加えて，これまでの対人面での躓きから人間不信や対人関係を築くことに不安や強い緊張感やときに被害感を抱いていることが少なくないことが議論されは

じめた。

　時にこれらは二次障害，あるいは二次的問題と称され，知見が集まってきている。

　大学では，少人数のゼミで協調性が取れにくく，孤立したり，他の学生と衝突しやすい。比喩や冗談を誤解しやすく，正論を追求しすぎて融通がきかない青年として避けられたり，からかわれてしまうこともある。

2. 注意欠如・多動性障害（Attention-Deficit Hyperactivity Disorder：ADHD）

　ADHDとは，DSM-IV-TRで定められている診断名であり，日常生活を営むうえで支障となるような，多動性，衝動性または不注意の症状のいくつかが7歳未満に，2つ以上の状況において存在していることが条件となる。また，その症状により，社会的，学業的，または職業的機能に躓きが認められること，すなわち日常生活を送る上での困り感，生きづらさという感覚が自他覚されている必要がある。これまで小児期に認められる情緒と行動の障害の枠に位置づけられていたが，DSM-5ではNeurodevelopmental Disorder（神経発達障害）というカテゴリーへ入った。つまり発達障害圏に位置づけられたことになる。さらに発症年齢が7歳以前から，12歳以前へ引き上げられ，症状必要項目が不注意9項目中6項目以上，17歳以上の青年成人期では5項目以上，多動性・衝動性も9項目中6項目以上，17歳以上では5項目以上となった。これは，おそらく成人以降のADHDの診断を鑑みてのことである。さらにこれまで認められていなかった自閉症スペクトラム障害との並存が認められた。

　疫学データも変更され，ADHDの有病率を子どもで約5％，大人で2.5％，性差は子どもで2：1，大人で1.6：1と男性優位，女性では不注意傾向が男性よりも目立つと指摘されるようになった。

　基本的症状は，1〜3歳より目立ち始める。買い物先での行方不明（多

動），交通事故の心配（未確認での道路横断といった衝動性と不注意）など，親は気の休まるときがない。対人場面では当初一方的な振る舞いや乱暴な行動を取りやすく，保育園・幼稚園という集団生活を経験する3～6歳頃になると，周囲から何度も注意や叱責を受けやすい。

　この症状は集団生活上で明らかに「困った行動」と見なされやすく，故意に行っていると評価されやすい。結局，集団に馴染めず，仲間はずれにあいやすく，自己違和感や自己評価が低下する。時に登園しぶりやチック，抜毛，吃音などが認められることもある。就学後も続くため，叱責や否定も継続し，10歳を過ぎた頃からは，劣等感や孤立感を自覚し，やる気を失うか学習意欲が低下する。同時期にクラスでの人間関係に躓き，同級生への攻撃性が目立ったり，不登校，登校しぶりなどを示すこともある。時に，大人への反抗的態度が目立ち，嘘や家族を対象に繰り返される暴力，金品持ち出しなどが認められると，素行障害と診断が追加されることもある。

　自己評価を貶めないためには，常に子どもの良い面を見いだしては褒める，認める態度が大切といわれるが，親は生後から続く解決しない課題に孤軍奮闘し，常にイライラし，親もまた親として自信を失っていることが少なくない。

　大学では，授業を取り忘れる，移動教室が見つからない，試験時間を間違えるなど，大学生活に支障を来してしまうことが少なくない。また友人との待ち合わせの約束を忘れる，つい本音を口走り場の空気を険悪にしてしまうなどから二次的に人間関係が悪化することもある。

3. 学習障害（LD）

　学習障害とは，基本的に，知的な遅れがないのに，特定の学習スキルが向上しない状態にあることを意味する。精神発達面に課題がほとんどないのに，学習結果に躓きがあるときに疑われる。

　しかし，学習障害には，教育現場の定義と医学的定義の2つがあり，混

乱を招きやすい。

　教育現場による学習障害（Learning Disabilities）の定義は，1999 年に文科省により最終的に定義されたもので，「基本的には，全般的な知的発達に遅れはないが，聞く，話す，読む，書く，計算するまたは推論する能力のうち特定のものの習得と使用に著しい困難を示すさまざまな状態を指すもの」である。

　一方，医学的診断の学習障害（Learning Disorders）は，神経心理学的な観点から読字，書字，算数能力といった特定の学習スキルの躓きがある場合に疑われる。

　医学的定義からすると，教育的定義の「聞く，話す」は，別途「コミュニケーション障害」という診断概念に移行し，「推論する能力」は広汎性発達障害の特性に重なると理解する。すなわち，教育的定義は，医学的に定義された複数の障害を包括している。

　あくまでも，ここでは医学的定義に沿って説明しておきたい。

　まず，そのなかの一つである読字障害とは，生活年齢や知能や年齢相応の教育程度に応じて期待される水準よりも，読む力が低いと判断されるものである。DSM-IV-TR によると，読字障害と診断された 60 〜 80％が男性で，有病率は学齢期小児で 4％，男女比はほぼ等しいといわれている。日本では，小学 3，4 年生以降にならないと，学習の躓きに周囲はなかなか気づかない。そしてその間は，「わざと読もうとしない」「読むことを嫌っている」と評価しやすい。

　実際に努力しても獲得できないため，この特性を持つ子どもたちは徐々に授業中，読まされることを嫌がり，反抗的な態度をとったり，授業中に居眠りをしたり，教室を飛び出しする。そういった態度が，さらにその子の評価を下げていく。学習場面だけに認められる躓きのため，親も一生懸命自宅学習をさせようとして，感情的な衝突を繰り返す。テスト結果がさらにその感情に追い打ちをかけ，親子関係がますます悪化していくことも少なくない。

思春期前後から不登校，登校しぶり，あるいは自室への引きこもりなどを示す場合もある。

2つ目の学習障害は，書字の障害（書字表出障害）である。これは，不器用さで上手に文字が書けないといった，字形の拙劣さと区別しておく必要がある。書字の場合，読めても書けない場合はあっても，読めない文字は決して書けない。つまり書字表出障害の場合は，単純に書けないだけなのか，読字障害も重ね持っているのかを点検する必要がある。

書字の躓きは，音読できず，音声的に正しく綴る能力が低下することで生じる場合もあれば，形態的誤りや記憶の躓きにより書けない場合もある。どこで躓いているかという視点は，学習習得度を測る上で一般的に重要な視点であり，学習障害も基本的には，そうした視点が大切になる。DSM-IV-TRでは書字の障害（書字表出障害）の有病率の算定は困難だといわれている。

最後の学習障害である算数障害は，DSM-IV-TRでは有病率1％で，小学5年生以上にならないと確認困難であるといわれている。主に算数障害は数詞やその読み書き，計算に困難を来すものと，視覚−空間能力の障害によるものに分類される。前者は九九が覚えられない・思い出せない，暗算が困難で，用語・概念理解，文章問題の記号への解読や数字・記号の解読に躓いている。後者は，量の概念の躓き，図形の位置関係，筆算で桁がそろえられない，といった躓きである。いずれにしても数学的手順は広範かつ複合的な能力を要求されるため，結果的には，読み書きも含めての広範囲な学習上の障害が重なり遭っていると考えられる。

また，ADHDや広汎性発達障害が合併して認められることもある。

DSM-5ではSpecific Learning Disorderという名称で，アカデミックスキルの学習と使用の困難さとして理解される。筆者の理解としては，これまでの理解と比べて大きな違いはないように思うが，軽度から境界域の知的障害や広汎性発達障害との鑑別には苦労することにも違いはない。

わが国では，この躓きへの支援体制が十分ではない。しかし，学習は基

本的に積み上げていくことで成り立つ。小・中学生時代の躓きは，基本的にその後の躓きを予見し，中途からの挽回はなかなか難しい。それでも，独自の方策で学習を積み上げ，大学まで進学するものもいる。あるいは面接中心で合格できる大学もある。入学後，通常の学習スタイルでは，なかなか成果が得られないことはある程度明らかである。

4．精神遅滞あるいは知的障害

「さまざまな原因により，発達期に平均以下の全般的な知的能力と，身辺処理や社会生活上の困難さといった適応能力の不足を認める精神発達の遅滞」と理解される精神遅滞は，1999年から法律用語としては知的障害と表示される。

原因は代謝異常や染色体異常といった先天的，感染や周産期の外傷や低酸素症といった後天的なものがあるが，全体の75%は原因が特定できない。

実際は，知的機能を示す知能指数（IQ）の数値と日常生活上の不適応で診断する。IQが平均を下回ることが指標となるが，平均以下とはIQ70以下を指し，50〜55から70までを軽度，35〜40から50〜55までを中等度，20〜25から35〜40を重度，20〜25以下を最重度と分類する。71から84までは境界域と呼び，平均範囲と遅滞の境界線上と位置づけている。

発現率は，IQ値が平均以下は2.1%で日常生活での躓きを示すものを含めると1.2%程度となる。その全体の89%が軽度域に位置している。なお境界域は人口全体の14%程度と言われる。

DSM-5では臨床的判断と標準化された個別の知能検査の両方で知的機能の遅れが確認されることと定義されるが，具体的なIQでの分類はなくなる（一応の目処として65〜75としているが）。そして概念領域，社会領域，実用領域といった3つの視点で総合的に判断することになるようである。

これは，かなり共通認識に至りにくいように筆者には思われるが，従来の数値だけで分類するという判断よりは「知的能力」を多面的に把握しようとしている姿勢として評価できる。

いずれにしても，知的障害の境界域は当然のように，そして軽度域にある方の一部の青年は，大学に籍を置いている。かれらへの学習支援はもっと議論されるべきである。

大学の課題にひとつは，入学時に学力に沿って大学の授業が構成されていないということである。つまり時に入学後に，授業について行けないという状況になる場合もある。

5. コミュニケーション障害

これまでコミュニケーション障害とは，表出性言語障害（言語，身振りによるコミュニケーションの障害），受容 – 表出混合性言語障害（言語，身振りに加えて言語理解の障害），音韻障害（音声の産出，使用，表現，構成の誤り），吃音症（会話の流暢さと時間的構成の困難）などを包括した診断名であった。DSM-5 では，新たに Social（Pragmatic）Communication Disorder という診断名が追加された。これは言語，非言語的コミュニケーションの社会的な使用の持続的な困難という領域と，有効なコミュニケーション，社会参加，学術的な成果，仕事に単体で躓く，または併せて機能的な限界が生じるという領域からなる。筆者からすると，従来の広汎性発達障害圏との区別に苦労しそうな障害名である。今後，この診断名に対する臨床的知見の蓄積が待たれる。

DSM-IV-TR に戻り有病率を検討すると，年齢によって変動するが，表出性言語障害は就学年齢で 3 〜 7％，受容 – 表出混合性言語障害は学童期で 3％，音韻障害は就学時に 2％で 17 歳までに 0.5％に減少，吃音症は思春期前に 1％，青年期になると 0.8％に低下するといわれている。

多くが自然に消退するなかで，大学以降で課題になるとしたら吃音症で

はないだろうか。言葉のやりとりは，まさに情報の伝達だけでなく，感情や意思，思考を伝達することを意味する。コミュニケーション障害とは，その交流を難しくする要素である。

　吃音や構音障害は，本人が意図しなくとも，うまく表現，表出できないことを自分の耳で聞くことで自己確認を繰り返すものである。得てして周囲は言い直しなどの修正や落ち着いてゆっくり話すことを要求しやすい。しかし，多くの指導は，本人が話すことに苦手意識を持ってしまうような関わりになりやすい。充分に気をつけるべき点である。

6. 発達性協調運動障害

　この名称はDSM-IV-TRで規定され5〜11歳の6%に認められるといわれる。パズルの組み立て，ひも結び，ボール遊び，縄跳びや鉄棒，リズム体操からコンパスの使い方といった粗大から微細な協調運動がうまくいかない状態を指す。そしてその著明な運動面の躓きによって，学業成績や日常の活動に著しい課題が生じる。

　一般に臨床場面では，この躓きだけで医療機関を訪れる場合はほとんどない。しかし，この障害は前述してきた障害と合併している場合が少なくない。また，あまりにも日常的動作における躓きゆえに，相談対象になりにくく，多くは，個々に惨めさや歯がゆさと苦手意識を持ち続けている。

　成長とともに問題視されにくくなるのはコミュニケーション障害に一見類似するが，コミュニケーション障害が消退するのとは別に発達性協調運動障害はその特性を持ちながら，評価対象にならなくなるということである。大人になって鉄棒やコンパスの使い方を評定されることはまずないだろう。そういった意味で日常の生活で評価対象から外れる能力に付いた名称である。

　また，この領域は，DSM-5では大きく変更され，運動障害と広く位置づけられた。この下位分類に発達性協調運動障害，チック障害やトゥレッ

ト障害，常同運動障害が置かれた。

III 発達障害のある大学生の生きづらさ

　多くの書籍は，前述したように発達障害について解説し，その発達障害の特性に応じた支援策を提案する。

　一般に発達障害のある方たちへの支援は，それぞれの人生の節目節目で異なる。おそらく乳幼児期は，子育て支援としての家族支援が，就学前後には，時に診断が付く事態をどのように周囲に理解してもらい，親がその事実をどう受けていくかという親への支援が求められ，就学後は，家族支援に加えて学校教育場面での支援や教師との連携が求められる。そして思春期・青年期になってようやく当事者が自らの課題として向き合えるような主体的支援が望まれるようになる。必要に応じて，学童期から成人に至るまで，時に認められる共存障害への治療や対応が，そこに加わる。

　本書は，青年期に焦点化し大学生活と就労について議論を重ねるものである。

1．発達障害のある大学生の状況

　すでに広く知られていることであるが，小・中学校の通常学級でも6％程度の割合で発達障害のある児童生徒が在籍している可能性があるといわれている。さらに多くの中学生が高校に進む。現在進学率が約97％を超える高等学校の入学者の中に，発達障害があることで支援が求められる生徒も多く在籍していることになるだろう。

　2009年に文部科学省が委嘱した，特別支援教育の推進に関する調査研究協力者会議高等学校ワーキング・グループ（2009）は，「中学校において発達障害等により困難のあるとされた生徒が高等学校に進学しており，

地域差や課程・学科による差異はあるものの，平均すれば生徒総数の約2％程度の割合で発達障害等困難のある生徒が高等学校に在籍している状況が窺える」と結論づけた。報告書では，入学に至るまでのさまざまな連携の強化や職業教育，さらに適切な進路指導の必要性をうたっているが，通常教育の枠内で網羅徹底することの難しさが浮上したものとなっている。さらに大学に関しては「発達障害のある生徒の大学等への進学についても，高等学校は，生徒一人一人の特性等を踏まえつつ，将来の自立と社会参加に向けた観点からの指導・助言を行うことが必要である。その際，大学においても，発達障害等のある学生への支援等の検討・準備が進んでいることから，高等学校の進路指導担当者は大学等と連携しつつ，大学等において受けることができる支援等に関する情報提供を行うことが求められる」という連携の理念が記された。

　では大学の状況はいかがであろうか。日本学生支援機構による平成24年度（2012年度）大学，短期大学及び高等専門学校における障害のある学生の修学支援に関する実態調査（日本学生支援機構，2013）によれば，大学生総数3,199,905人中，障害のある大学生は11,768人で障害学生在籍率は0.37％である。11,768人の内訳であるが，視覚障害が694人，聴覚・言語障害が1,488人，肢体不自由が2,450人，病弱・虚弱が2,570人，重複障害が263人である。一方で診断書のある発達障害は，1,878人，16.0％と，7.0％であった平成21年と比べて増加傾向にある。またその発達障害のなかで高機能自閉症と診断されているのが，1,324人で，発達障害の70.5％を占めている。

　しかし，臨床の立場では，そもそも診断書のない大学生こそが，学生生活に困難を抱えていると思われ，その数値が未知数であることが最大の課題なのではないだろうかと考える。今回の報告は，すでに確定診断を持つ方が確認されたに過ぎない。実際に大学の保健管理センターに相談に来る学生であっても，種々の事情から「速やかに確定診断を得ることが事実上困難」（福田，1996）であることは疑いない事実である。

田中（2004）も，成人になってからADHDと診断することには限界があると述べ，達成目標を「暫定的診断」に置いた。発達障害のある大学生支援を積極的に実施している富山大学は，支援対象者が発達障害の診断をもつ，もたないにかかわらず，すべてのコミュニケーションに関わる問題を支援することを目標に置いている（斎藤，2010）。これは，医学的診断を日常のコミュニケーションに関わる問題として置換して判断したものと思われる。その判定基準は高機能発達不均衡とナラティブ・アプローチという2つの概念で支えられる（斎藤，2010）。
　たしかに，厳密に発達障害の診断名にこだわる必要はない。医学診断名とは，しょせん後付けで構築した分類学に基づいているに過ぎない。しかし，その分類の根拠は生活に浮上する生きづらさに直結する特性で括られる。富山大学のシステムは，高機能発達不均衡というひとつの視点により，特性を判断し，ナラティブ・アプローチから個々の生きづらさが浮上する対象者が支援の必要な人という判断を下すもので，その意味ではまさに「発達障害のある大学生」を支援していることになる。
　では，その対象者は，なぜ，これまで顕在化しなかったのだろうか。あるいは，気づかれながらも，医療機関を訪れる機会がなかったのだろうか。いずれの事情も想定できる。しかし，いかに気づかれたとしても，それ以上の行動を引き起こさなくてもなんとかなっていたという事情を重視しておくべきかもしれない。
　青木（2010）は，危機的なときに発達障害らしくなると述べ，「生まれ持った固有の特性が強いと考えられがちな発達障害を持つ人々は，実際には環境の影響を大きく受けやすいことにいつも留意」すべきであると強調している。
　このことは，発達障害とは過去から未来永劫に至るまでの生き方を決定づけた普遍的かつ固有の構造ではない，といえ，われわれが行う支援に一条の光を与えてくれる。

2．発達障害のある大学生支援を考える
　ここからは，大学側の教職員向けとなる。
　大学側で実施すべきことは，すべての教職員が，発達障害の存在を学ぶことである。そのための合同研修会を開く必要がある。しかし，筆者が以前に高校で研修会を行い発達障害の情報を提示したときに，「そんな障害があるってことをはじめて知って，有益でした」と教員が述べ，続けて「でも，Ａくんは，怠けだと僕は思う」と語られたとき，Ａくんの主治医であった筆者は，伝わりにくい事象を痛感した。知識を現実に繋ぐ作業を丁寧にし続ける努力が求められる。
　次に必要なことは，その特性に対して，できないことに手を貸すという当たり前の対応を柔軟に行う癖をつけることである。われわれはどうしても当人に努力を強いることを優先する。失敗させて学ばせることを是としやすい。しかし，これまで成功体験そのものが少ない彼らに必要なことは「できる」という達成感と自信回復の経験である。
　最後に大学側に求められるのは，こうした支援を「誰が行うのか」という構えから「みんなでやろう」という姿勢への変化である。大学内でわかりにくい事柄，たとえば掲示板のランダムな掲示，シラバスの選択の難しさ，単位計算の複雑さ，直前に掲示される移動教室や休講のお知らせなど，すべてが学生側に立ったものとは言いがたい。

1）生活面の悩み
　学生生活において，さまざまな特性が躓きを作りやすい。ある学生は時間管理ができないと語る。帰宅後，自習をしようと思うが食事を作り，テレビを見て，ついパソコンでチャットを始めたら，自習時間がなくなってしまった，という。目覚まし時計などを活用させるように試みているが，一人暮らしだとコントロールができない，という。金銭管理で悩む学生も少なくない。これは計画性の問題であったり，衝動性の問題から生じやすく，時に断り下手や友人ほしさからお金を貸してしまう学生もいる。その

延長線上でだまされて結局多額の借金を背負うものもいる。

　部屋の乱雑さや整理下手，あるいはものを捨てられない学生もいる。期限までに課題やレポートを提出できない学生もいる。正義感が強すぎて他人を批判しては孤立してしまう学生もいる。大学生の生活は半分が持ちつ持たれつの要素がある。ノートや資料を借りれるかどうかなど，小さいことだが進級に影響するものもある。

　シラバスや掲示板のことで教務課に相談にいったら「そんなこともできなくてよく大学にうかったものだ」と言われて悲しんで良いかの怒って良いのか，一瞬わからず，へらへら笑って帰ってきました」と診察室で俯く学生がいる。

2）対人面の悩み

　他人と折りあいをつけることは，日常でもっとも重要なことであるが，もっとも難しいものである。なにをどこまで頼ってよいのか，どこまで言いなりになっても大丈夫か，これは話しても相手を困らせないか，場に不釣り合いな話題かどうか，どうして相手が不快な気持ちになったのか，どうしてあの人はあのような態度を私に示すのか，など，一人で考え続けても答えがないものだらけである。

　発達障害のある学生が，「あまりにも面倒なので誰とも会いたくないのですが，それはそれでひどく寂しくて，人のぬくもりがほしい」とぽつりと漏らした。

　大学に入ってからの人間関係について「今度こそ友だちを作ろうと思っていたのですが，だめでした。僕に対して嫌がらせというか，いつも悪く言う奴がいて，今度されたら殴ってやろうと思います」と語る学生。

　時に，周囲の評価に過敏になり，うつ的状態を示したり，不安発作になったり，授業中に手首を切る学生もいる。ひきこもり状態になり連絡がつきにくくなる学生。精神科クリニックで社会不安障害と診断された学生や，被害念慮が強くなり，あるいは戸締まりや手洗いの確認が増えて生活

がままならぬようになった学生など，二次的な精神障害に苦しむ場合もある。

3）学業面の躓き
　大学生活に躓き対人面で悩みがつきないと，当然学業への影響も出てくる。大学の学びは，自主性が重視され，考えを深めることが要求される。大学では，解答は自らが見つけ出すことが要求される。黒板に問題と解答の手順が書かれ，それを覚えるということではなく，自分の言葉で語ることが要求される。他人と意見を交換し，適時考えを柔軟に変更することが要求される。その一方で一方的に自己主張したり，ただただ迎合することは認められない。
　小学校から積み重ねてきた学びのパターンと異なることが少なくない。しかし，それをガイダンスする仕組みはそれほど丁寧には用意されていない。
　随所で，自然に自らが体得することが求められる。

4）将来に対する不安
　大学生活の途中から就職について考えていくことが求められる。いわゆる就活である。吉永（2010）は，自閉症スペクトラム障害のある学生の就活の難しさを，（1）就活の全体像，流れがつかめない，（2）活動のスケジュール化が困難，（3）どのような仕事が向いているかがわからない，（4）面接がうまくいかない，（5）職種のこだわりがアピールできない，変更がきかない，という5点を抽出している。
　20歳そこそこの自分を振り返っても，（3）と（5）はまったく歯が立たないと思う。（1）は先輩に尋ね，（2）は友人に尋ねるだろうか。（4）は当たって砕けろということになりかねない。もっとも（4）だけは，練習しようと思えばシミュレーションくらいはできるかもしれない。で，本番では頭がまっしろになるだろう。
　それでなくても不景気で就職困難，氷河期と呼ばれているこの時期に，

自分を上手に売り出す能力はなかなか困難であるといえよう。

　その後の就労に関して，小川（2010）は，就労支援の難しさとして「発達障害といっても，診断時期，特別支援教育の経験，二次的障害」などで多様であることを指摘する。そして実態として就労率が3〜4割で不安定な賃金と身分，さらに手帳取得者が約半数であることを指摘している。この手帳に関しても，青年期あるいは大学を卒業するまで障害と無縁であった方が，突然診断をうけ障害者手帳を申請するのは，心情的にもとても難しいと思われる。就労支援とは，就労までの入り口にそういった大きな課題があるといえる。

　本論では，大学の出口としての就活そのものの困難さを述べるに留める。しかし現在では，大学生の問題が，入試の入り口，大学生活という中身，そして卒業・就労という出口の問題をそれぞれ抱えていることと同様に，就職も，就活・採用という入り口，従事する仕事の中身，そして常に解雇されうる途中出口の危機をいかに回避するかということが大きなテーマとなる。

　ここでは，筆者の経験と力量から大学生活を中心に置いている。

　後述する自己理解以外は，おおよそ様々な生きづらさが大学生活には横たわっている。どれも程度の差はあれ，すべての人が経験する難しさといえよう。ゆえに，結局自助努力が強いられることになる。

　あえて重ねて述べるが，発達障害の支援とは，生活を営むことが至極困難であり，ひとりでは乗り越えられないものであると，理解する必要がある。発達障害の支援とは，その躓きをきちんと受けとめ，できることから小さくステップアップする術を一緒に考えていくことに尽きる。しかも，すべてを己で行う方向ではなく，誰になにを頼むか，どこでなにをするか，といった他力を上手に使う術を一緒に考えていくことが求められる。

　筆者がアマースト校の障害支援センター長に「具体的に学生に指導することは何か」を尋ねたとき，「支援センターに来る学生の多くは，時間管理

ができないし，物事を系統的に行うことができないため，まず何をしなければならないかを把握させる。大きな課題をこなすためには，その課題全体を展望し，細分化して指示を与える。理にかなったものに分けて指示をしてもやらない場合は，促す。彼らのなかには，自分たちがすることになっていることはやらなければならない，ということがわかっていないものもいるので，その場合には，するように励ましてやらなければならない。また，時間を守るという観念がないものもいる。これらの学生たちには，失敗するとこちらでわかっていてもあえて言わずに放っておいて，痛い思いをさせて，失敗から学ばせることもあるし，失敗しないように導くこともある」と話された。臨機応変，至極当然の答えである。

　当事者ができることを，着実に実践させる支援に加え，大学側が変化していく必要が在る。

　そのひとつの考えに「学びのユニバーサルデザイン（Universal Design for Learning : UDL）」というものがある。筆者が北海道大学教員時代，2011年2月にカリフォルニア州立ソノマ大学のエミリアーノ・アヤラ先生と，ブレット・クリスティー先生を大学にお招きして学ぶ機会を得た。UDLとは，すべての人が人生において，何らかの障害をもつことを前提に，できるだけ多くの人にとって有益な教育となるよう効果的かつ包括的な方法を提案するものである。かれらが提示したUDLの3原則は，（1）提示に関する多様な方法，（2）行動と表出に関する多様な方法，（3）取り組みに関する多様な方法を提供することだという。

　例えば掲示物を点検することが苦手な大学生のためには，今日の掲示物という欄を設けてもっとも新しい情報を別に提示する，あるいはスマートフォンにメールで一斉配信できるよう大学教務課が設定しておく，時間管理に関してはタスク処理をこれもスマートフォンなどで行えるようにする，あるいは，ゼミでカレンダー情報を共有して皆で確認しあうなど，である。社会不安の強い学生には，テレビ会議などで情報を送れるようにするとか，別室で授業に参加できるようにする。取り組みに関しては，失敗を軽減す

るよう，例えばレポート提出時を 3 段階に分けてリマインダーメールなどで知らせるといったことであろうか。

　日常で考えてみると，例えば，自宅のお風呂にお湯をためるときに，自動にある一定の量になったら給水が止まる機能があれば，お湯が溢れる心配と失敗から解放される。「できるだけ多くの人にとっての有益さ」を追求することが UDL と考えて良いだろう。

5）自己理解

　「大学生になった障害を持つ学生に対して，大学が最初に行うことは何か」という筆者の問いに，アマースト校の障害支援センター長は，「まず，自分自身について知ってもらう。つまり，自己評価をしてもらうことである。多くの学生は，自分の障害や能力について，つまり何ができて何ができないかを正しく知らない。これは，社会が障害をもつことを否定的に見ているために，障害者自身が否定的に自分を考えるようになってしまうせいである。入学時には，高校までの学習に特化した特別支援評価をそのまま使用することはしない。これからの大学生生活を営む力は，センター長である私自身が再評価する」と答えた。

　大切なことは，自分にある診断名を受けとめることではない。生活をするうえで，何ができて何ができないかを知ることである。

　多くの当事者が当事者研究や自伝，あるいは自己を見つめ直して，貴重な情報を表出してくれる。われわれは未見の事柄をその情報によって，既知として捉え直すことができる。その一方で，筆者はどうしてみな自分自身をあらためて定義し直そうとするかと考えた。おそらくそれは，外部からの名づけが腑に落ちないからだろうと推察した。

　当事者の語りの先導者のひとり，ドナ（1993）は，父親に詰問し「おまえは自閉症だと思われていた」という事実を手にする。しかし，自閉症を意味する誰も近くに寄せ付けないこと，しゃべり方が変わっていたことなどを聞いて，ドナは「そんなことはすでに，いやというほどわかっている」

と述べ、「その症状がわたしの人生にもたらした、その他のあまりにも多くの事柄について」が相変わらずわからないままだったという。あるいは「自分には何かが欠けているに違いない」と感じていたグニラ（2000）は、診断後「もう自分のことを、できそこないの、人間のコピーだと思わなくなった」が、「自分の障害に関しては、好きな点もあれば嫌いな点もあって、正直なところ複雑な気持ちだ」とも述べている。ドナが望んだことは、生活の事細やかな事柄の意味理解であり、グニラは折りあいがつくところもあれば、つかないところもあると達観しようとする。ドナは2000年に来日したとき「ドナだけが自閉症なのではない。『これが自閉症だ』とう事例は存在しない」と語った（森口，2002）。

　筆者がADHDと診断した青年は、「AD/HDがわかってからも、全てが順調であるという事はありません。実際には順調とは程遠いのです。AD/HDがわかる前と違っているのは、AD/HDを知って、自分の行動にだいたいの説明がつくようになった事、リタリンが効いていれば、少しは記憶を取り込める事くらいかもしれません」と述べ、「私は、この先どういうふうに生きれば良いのか、人生を、どう形作っていけば良いのかがわからない状態です」と戸惑いを隠さず、しかし、「それでも今は、問題があることには気付けた（気付かせてもらえた）のだから、以前のようにただ落ち込んでしまうだけではなく、幸せに生きるために頑張れるはず、と信じてやっていきたい」と宣言した（山口，2004）。

　診断を知ることは、ひとりだけ特異な存在ではないということを知ることであり、これまでの自己説明を改変することにはなるが、生きづらさそのものは変わらず存在している。それをひとつひとつ片づけていくことしかない。

　大学生支援を行っている高橋（2010）は、「正確な自己理解」が発達障害の学生支援において設定すべき目標としている。そのうえで「本人の工夫とある程度の配慮で大学生活に適応できるのであれば、『障害』なのかどうか」はそれほど重要でないと述べた。これは、前述した何ができて何がで

きないかを知ることに対して，どのような支援が提供され，その結果どのような生きやすさを獲得できたかということを意味する。

　自己理解とは，自分探しでも障害受容でもなく，等身大の自分を知り，そのうえで「幸せに生きる」方法と仲間を見つけることかもしれない。

IV　おわりに

　発達障害のある学生への教育支援については，この国が行ってきた特殊教育の長い歴史と経験がある。そこに加えて今求められているのは，さまざまな躓きのある人たちへの生活支援である。田中（2010）は発達障害を生活障害と表記し直して，「生活を円滑に営むことを妨げる環境と個にある特性に注目する」べきだと主張している。

　その場合，これまで支援は提供されるもの，当事者が受け取るものという位置づけであったが，今後は，当事者が求めるものに，支援者がどう提供するかが問われることになる。

　その限度限界をどこに置くか，支援をはじめる前から考えるべきではないのかしれないが，支援にも身の丈がある。高橋（2010）はそれを合理的配慮（reasonable accommodation）と呼んだ。おそらくこの言葉は，適切で理にかなった環境調整という意味でもあろう。調整された環境に当事者が置かれるのではなく，当事者が適切な環境調整を求めるということを前提にしたうえで，支援する側にとっても，過剰な負担にならない公平性が保障されるという相互にとって理にかなった取り組みを意味している。そのためには，発達の特性を語る会話から，個々に生活しているなかでの，相互の対話への展開が必然的に求められる。

文　献

American Psychiatric Association (2000) Diagnostic and Statistical Manual of Mental Disorders, Fourth Edition, Text Revision (DSM-IV-TR).(高橋三郎, 大野裕, 染矢俊幸 訳 (2004) DSM-IV-TR 精神疾患の診断・統計マニュアル 新訂版. 医学書院.)

American Psychiatric Association (2013) Diagnostic and Statistical Manual of Mental Disorders, DSM-5.

青木省三 (2010) 思春期の広汎性発達障害を援助する. 臨床心理学 増刊第2号；76-81.

福田真 (1996) 大学生の広汎性発達障害の疑いがある2症例. 精神科治療学 11；1310-1309.

グニラ・ガーランド [ニキ・リンコ訳] (2000) ずっと「普通」になりたかった。. 花風社.

井上理枝 (2000) 学童期―子どもと母親の育ち合い. そだちの科学 1；96-101.

森口奈緒美 (2002) 平行線―ある自閉症者の青年期の回想. ブレーン出版.

ニキ・リンコ (2000) 訳者あとがき. In：グニラ・ガーランド [ニキ・リンコ訳]：ずっと「普通」になりたかった。. 花風社, pp.281-286.

日本学生支援機構 (2013) 平成24年度 (2012年度) 障害のある学生の修学支援に関する実態調査. (http://www.jasso.go.jp/tokubetsu_shien/chosa1201.html [2014年6月1日取得]).

小川浩 (2010) 就労を支援する. 臨床心理学 増刊第2号；170-176.

斎藤清二 (2010) コミュニケーション支援とナラティブ・アプローチ. In：斎藤清二, 西村優紀美, 吉永崇史：発達障害大学生支援への挑戦―ナラティブ・アプローチとナレッジ・マネジメント. 金剛出版, 17-43.

髙橋知音 (2010) 大学生. 臨床心理学 増刊第2号；82-87.

田中康雄 (2004) 成人におけるADHDの診断の鍵と限界吟味. 精神科治療学 19；457-464.

田中康雄 (2010) 理解しあうことのむずかしさ (つなげよう―発達障害のある子どもた

ちに私たちができること第12回). 臨床心理学 10 ; 269-273.
特別支援教育の推進に関する調査研究協力者会議高等学校ワーキング・グループ (2009) 高等学校における特別支援教育の推進について―高等学校ワーキング・グループ報告. (http://www.mext.go.jp/b_menu/shingi/chousa/shotou/054_2/gaiyou/1283724.htm [2012年8月1日取得]).
鷲見聡 (2010) 幼児期の広汎性発達障害・自閉症. 小児科診療 73 ; 565-569.
ドナ・ウィリアムズ [河野万里子 訳] (1993) 自閉症だったわたしへ. 新潮社.
World Health Organization (1992) The ICD-10 Classification of Mental and Behavioural Disorders : Clinical descriptions and diagnostic guidelines. (融道男, 中根允文, 小宮山実 監訳 (1993) ICD-10 精神および行動の障害―臨床記述と診断ガイドライン. 医学書院.)
吉永崇史 (2010) 就職活動支援ストラテジー. In：斎藤清二, 西村優紀美, 吉永崇史：発達障害大学生支援への挑戦―ナラティブ・アプローチとナレッジ・マネジメント. 金剛出版, 240-264.
山口政佳 (2004) 私と ADHD (当事者の手記). 精神科治療学 19 ; 597-603.

第2章

今，わかっている発達障害の精神医学的背景

長尾　圭造（長尾こころのクリニック）

　多くの分野同様，精神医学の分野も発展が著しい。発展とは，精神障害の生物学的メカニズムが解明されてくることとともに，精神障害に対する考え方や，精神障害者に対する態度の変化をも含む。

　ここでは，最初に最近明らかにされつつある発達障害の生物学的メカニズムを紹介する。次いで，発達障害者に対する社会における対応の仕方を考察する。そのうえで，どのような受け入れ態勢を整えればよいのかを考えてみたい。

I　発達障害の定義

　発達障害とは，子どもの低年齢時から脳の機能的問題によりその子どもの発達成長に遅れやひずみを生じるものであり，環境（家族の躾，養育環境）によらないものとされている。疾患としては，現在は自閉症やアスペルガー障害といった広汎性発達障害（PDD），学習障害（LD），軽度精神遅滞（MR），注意欠如多動性障害（ADHD）などとされている。子どもが抱えるその他の併存症状や年齢，環境要因により，程度や重症度はさまざまである。今後，この概念は変化し，範囲も広まると思われるが，現在のところこのように考えられている。

　言い換えれば，発達障害にみられる精神症状は，18歳までに発症し，そ

れが生活に及ぼす影響は，通常のやり方では，効果的な指導や教育ができないために，特別な配慮を要することが特徴である。そのために，特別な支援が求められる。また，発達障害は本人が社会生活を営むうえでも支障をきたすことがあるので，それへの配慮も必要である。

すなわち，発達障害を理解し，発達障害による影響が，その後の人生に及ぼす波及効果について考えることが，本稿のテーマである。

1．発達障害の概念と範疇

わが国では，軽度発達障害という言葉が馴染んでいるが，これには明治以来の歴史的背景が関与している。これまでの視覚，聴覚，知能，運動能力の障害を対象とした養護教育は，一定の成果を上げてきたと思われている。その後，生涯教育に対する関心が増大するにつれ，現状の通常学級における子どもたちのなかに，これまでのような生徒を一括した教育法では成果の上がらない子どもがいる場合があることが知られてきた。これにより，軽度発達障害という言葉が生まれてきたのである。

通常，特別支援教育の対象とされている軽度発達障害は，先にあげた4疾患であるが，今後はそのほかの発達障害的な色彩を伴う障害，具体的には統合失調症（後年発症を除く），児童期のそのほかの心の問題（例：被虐待，愛着障害など），精神疾患の若年発症（不安障害，気分・感情障害など）を含めて考えていく必要がある。したがって，児童期・青年期に生じるこれらの発達障害が，成長につれどのように個人に影響を与えていくかが問題となる。

2．なぜ今，発達障害支援か

障害児の心の内面は，以前と比べ，わかるようになってきている。これは児童青年精神医学そのものの進歩のみならず，養護教育の発展や，社会

的思想の変化による部分も大きい。

　精神医学そのものの進歩としては，診察方法の変化，および生物学的メカニズムの解明があげられる。

　かつては，子どもに精神医学的な問題が生じると，それを把握するために情報を得るのは主に両親や養育をしている大人たちからであった。子どもの言うことの信憑性については疑問が持たれており，患者である子ども自身の発言はあまり重視されなかったのである。だが，1970年にイギリスのワイト島で行われた研究において，子ども，保護者，先生の三者から得た情報は，どれもがその子どもの状態を反映しており，信頼に足るものであることが明らかにされた。つまり全貌解明のためには，子どもの発言もきちんと聞き，情報を得ることが必要であることがわかったのである。これを受けて，精神科における診察スタイルも次第に変わってきた。昔は子どもに関与する大人と精神科医が会話し，精神病理（問題点）を考え，その大人に病名や対応策を伝えていた。だが現在は，子どもと精神科医が，一対一で話をするというかたちが中心となり，両親や大人との会話はその後で，補充追加的になされるようになった。

　次に，発達障害の生物医学的背景が徐々に明らかになってきている。分子生物学的研究，画像診断技術などの進歩により，あたかも脳のなかを見てきたような説明がされるようになった。今まではブラックボックスであった脳内が，目の前に，時には遺伝子の組み合わせとして，時には画像としてはっきりと示されるようになったのである。

　一方，今まで行われた特殊教育は，先に述べたように一定の方向性が定着していた。そのなかで現在の特別支援教育の枠からはみ出してしまう子どもたちの存在が明らかになってきた。近年になって，この等閑視されてきた子どもたち ── 通常学級にいる気になる子どもたち ── に対する特別支援へと教育の焦点が変わってきている。

　また，最近の社会的思想は非常に変化している。かつての日本社会で，もっとも大切にすべきは家族であり，地域社会であった。だが，現在，最

も優先されるべきは「個人」である。このような私事化により，それぞれの子どもに対する個別対応という言葉が行きわたり，教育ではIEP（Individualized Education Program：個別教育計画）が，当然のように思われだしている。「みんな違って，みんないい」というキャッチコピーもよく言われているが，残念ながらこれに沿った中身が提供されるところまでには至っていない。これからは，その中身をいかに具体化していくか，ということが課題であろう。

　さらには，グローバライゼーションの思想の発展も関係していると思われる。近年，交通手段の発展により，多くの国間での移動が可能となった。これにより，人種，文化の交流が増え，その結果，それぞれの異質な部分をめぐる軋轢が増えた。これを解決するために，人種や民族，国家を超えて，異なるものを理解し，協力することが必要となってきた。これがグローバライゼーションの思想である。外国籍児や外国にルーツを持つ子どもへの配慮が進むと同時に，発達障害のような定型発達をとらない発達をする児・者への理解も深まることになった。

　このように，さまざまな観点から見ても発達障害児問題はきわめて今日的課題といえる。

II　特別支援を必要とする発達障害疾患の基礎理解

1．ADHDの精神医学的背景
1）生物学的視点

　ADHDを有する人は，作業の実行能力に障害があると言われている。作業の実行能力とは，2つの働きからなる。すなわち，ある作業を間違わないように繰り返して早く行う機能（以下，繰り返し機能と呼ぶ）と，その作業を間違って訂正が必要な場合に，その作業を一旦停止する抑制機能である。人の脳は，それぞれの領域がそれぞれの機能を担っている。繰り返し

機能を担当するのは脳の前頭葉部分（前頭葉眼窩面，下前前頭皮質，前中心回と，島），抑制機能を担当するのは帯状回後部と楔前部である。ADHDのある人では，この部分の機能が低下していることが画像でも示されている（Rubia et al., 2005）。

また人の脳は，神経細胞が組み合わさってできている。情報を伝達するため，神経細胞同士は神経伝達物質と呼ばれる物質を放出し，別の神経細胞の受容体（レセプター）がこの神経伝達物質を受け取る。神経伝達物質はさまざまな種類があり，これらを複雑にやりとりすることで，脳内ではさまざまな情報が処理されている。

作業の実行能力に関わる神経伝達物質のひとつとしてドパミンと呼ばれるものがある。ADHDの人はこのドパミンを受け取る受容体（以下，ドパミンレセプターと呼ぶ）の構造が異なっていることが指摘されている。

ドパミンレセプターには元々いくつかの種類があるが，ADHDの人はそのなかでもD_4（染色体の11番短腕の15.5という部位にある遺伝子が作る）とD_5（染色体の4番短腕の16.3にある遺伝子が作る）と呼ばれる受容体タンパクを作るDNA構造に違いがあるとされている。

ドパミンレセプターはタンパク質からできており，これは遺伝子の情報に則って作られる。通常，ヒトの場合この遺伝情報は2回分から11回分作るだけの繰り返しのあるDNA配列を持っており，この繰り返し回数はそれぞれの個人によって異なっている。だが，ADHDの人は7回繰り返しを有していることが多いという（Thapar et al., 1999, 2005）。同じ働きをするドパミンレセプターを作ってはいるものの，実際には機能的にはごくわずかな違いがあると考えられる。

このような脳のわずかな機能的，構造的障害のために，ADHDの人たちは作業の実行がうまくできない。そのため注意がうまく向けられない，活動過多，衝動性などの症状を招いている。

2）ADHDの子どもの心理

　今まで説明したような生物学的メカニズムは，子ども自身の心理を理解するためには補助的なものでしかない。ADHDの特性は大きく分けて次の3つに分けられる。すなわち注意の持続の困難，過活動，衝動性（だしぬけ行為）である。これらがさまざまに組み合わさって，単純ミスの多さや，ものを良く失う，ある物事に集中できずに次から次へいろんなことをしてしまう（転導性），早とちり・早決め，指示についていけない，忘れ物が多い，そわそわする，しゃべりすぎ，外に向け関心が行く外向性，順番待ちができない，邪魔をする・差し出がましい，粗野で爆発的かんしゃくを起こす，などの症状を起こす。また，研究上は，寝つきが悪い，4歳時点での夜尿，物忘れが多い，否定的な考えや気持ち，空間的・言語的読み書き障害，走ったり登ったりがへた，気分的にいらいらしている，素行上の問題が多い，などの特徴もあるとされる。

　子ども自身，このような症状が思い当たったとしても，それが障害であるとは気がつきにくい。症状は風邪のように急激に熱や咳が出るわけでもなく，幼少期から徐々に出現し，本人に馴染んでいる。

　そのため子どもが自分で自分のこれらの問題を持て余していたとしても，それを自分自身の人格の一部として捉えている。自身が起こすトラブルに関して責任を感じ，自分を責めている。先生や両親から叱責され，友だちからの評価も低い。能力相応の学業も達成できない。ADHDという障害から，自分の意思に反してさまざまな問題を引き起こしている，いわば不随意運動のような障害があるのだが，それを到底理解できない。このために，自分で自分が好きになれず，自尊心が低い状態が続いている。

　大人はこの子どもの心境をまずは理解すべきであろう。

3）ADHD特性と作業

　ADHDの症状は周りの環境との関係で変化する。学校と家では違うし，相手により変わる。落ち着いた気に入った人のところでは目立たないが，

騒がしいところや元気のいいところでは，喧騒につられる。勢いのついた行動が多いので，けがのしやすさも2倍ならば，治療期間も2倍と重症になりやすい。このように周りからの影響が大きいこと，そして本人自身がけがをするなどの危険を伴いやすいことは留意したほうがいい。

ただし，ADHD症状があることと，ADHDと診断することとは違う。診断のためには，学校でうまくいかないなど，社会機能の障害があることとされている。社会的評価が下がれば，本人の自尊感情がさらに下がることは必至であろう。

先に述べたようにADHDは症状が多彩である。それが，ADHDの障害から派生した二次障害なのか，元々別個に併存していた障害なのかは，専門家でさえわかりにくい。それぞれの症状に対応しながら，症状を分析することと，本人が適応しやすくなるような環境を整えることが大切である。

4）ADHDの成人・成人のADHD

ADHDであった子どもも成人になる。次第に子ども時代の症状は消えるが，それでもその特性が残る。ADHDの成人臨床像は，以下のような点であるとされている（Wender, 2000）。もっとも診断には，多動が先行条件としてあることが必要である。

(A) 運動多動性：じっとしない，リラックスできない，神経質そう，静座活動（映画・TV・読書）できない，いつも動いている，不活発になると不機嫌。
(B) 注意の欠陥：会話を心に留めて置けない，すぐに反応する（刺激を一旦フィルターにかけられない），読み物や仕事を心に留めて置きにくい（心ここにあらず），しばしば忘れっぽい，しばしば物を置き忘れたり置き間違う，約束・計画・財布・鍵を忘れる。
(C) 感情的不安定：早期青年期のような幼さ（万年青年），みかけ上うつ（下り気味・退屈・不機嫌）や多幸や興奮気分，現在不満足，気分は数

時間から2・3日で変わり身体の変化を伴わない，気分変化は自然に起きたり反応性に起きる。
(D) 気分の高揚，短気で爆発：すぐにキレる・沸騰点が低い（ただしすぐに醒める），一過性にコントロールを失い自分自身の行動にぞっとする，すぐに感情が賦活されるかいつもイライラしている，気分問題は対人関係にも影響する。
(E) 感情的な過剰反応：普通のストレスを難なく処理できないでうつ・混乱・不確か・不安・怒りでもって過剰に・不適切に反応する，感情反応が適切な問題解決を困難にする，通常の生活でのストレス処理で繰り返し危機を体験する，自分でハッスル屋とか勢い任せと称する。
(F) まとまりが悪く，作業を完成できない：家事や宿題の段取りが悪く完遂しない，仕事はしばしば完成しない，課題が無計画に変わる，活動・問題解決・時間の感覚がまとまりない，「しがみついてもやる」感覚がない。
(G) 衝動性：ちょっとしたことでは考える前にしゃべり出す，他人の会話の邪魔をする，（例えば運転中でも）我慢ができない，衝動買い，目立つところでは反社会性障害やそう状態と似ており仕事ができない，対人関係が突然始まり終わる（二重結婚・別居・離婚），つらい結果を考えないで楽しみにのめり込む（はで買い・ばかげた投資・無謀運転），不利や不充分な情報でも後のことを考えないで即断・易断する，不快な体験をしないで行動化を遅らせることができない。
(H) 関連特徴：結婚生活の不安定さ，知能や教育に比べて学業や仕事の成功が少ない，アルコール・薬物好癖，向精神薬への非典型的な反応，小児期のADHD，家族歴：男性では反社会性障害，女性ではBriquet症候群の遺伝負因がある。

2．精神遅滞の児童青年精神医学的背景
1）知的障害と精神遅滞の違い

　知的障害があることと，社会生活上の問題点（行動上の問題，介助や治療が必要，その他の行動障害）があることは違う。精神遅滞とは知的障害と社会生活上の障害が両方あることなので，定義上，知的障害の発生率，すなわち頻度とそれほど変わることはないが，精神遅滞の発生，すなわち頻度は当然ながら知的障害より少ない。たとえば，生活訓練を行うことで精神遅滞を減らすことが可能となる。このような治療可能な群をきちんと治療対象とすることが大切である。そのために知能検査を行い，その特性や限界を知ることがまず大切である。

　残念なことに現代社会においては，知能検査に対する拒否反応を示す風潮がある。かつてスターリンは知能テストをブルジョワ的であるとして拒否し，追放した。ヒトラーはそれがユダヤ的であるという理由で拒否した。今の教育現場でも，知能検査の施行や学業成績の開示は嫌がられることが多い。しかし，個人に適切な指導を行うためには，あるていど個人情報を開示し，関係者が共有していくことが大切であろう。

　生活支援のほうは，現在，精神遅滞の程度により，主として知能指数と社会生活の重症度の違いから，軽度［50-69］，中度［35-49］，重度［20-34］，最重度［20未満］に分けられている。生活支援にとって，一番実用的であるためである。逆に言えば，それ以外の適切な分類評価の方法が見つからないからである。

　知能の評価で大事なのは，知能指数の結果を知ることではない。個人のなかのそれぞれの能力の違い（個人内能力差）を理解することである。言葉が得意なのか，計算が得意なのか，視覚的な情報が得意なのか，そのような得手，不得手を知ることが大事である。それにより，余分な劣等感を持つ必要もなくなるし，個人個人に合った教育，指導，作業，生活支援の方法を考えることができるようになるのである。また，知能は今後の立ち直りの基礎能力となるため，ストレス耐性や精神障害の予後と関係する。精

神医学的な表現を用いると，今風にはリジリエンス（resilience）能力が最大の予後要因であるためであり，昔風に言えば知的防衛ができる能力が予後要因といえる。その意味で言うと，知的障害がなくとも，誰に限らず，自身の知能を知ることは必要であるかもしれない。

2）精神遅滞の心理的背景（社会生活上のリスクファクター）
　精神遅滞児が抱えるどの年齢にも共通するリスク・困難はよく知られている（Volkmar & Dykens, 2002）。
　例えば，以下のような点である。

（1）慎重すぎたり，無遠慮な性格傾向が，依存や逸脱や衝動性を強める可能性がある。
（2）基本的な人間のもつ欲動に対する感受性が極端に高かったり，低かったりする。
（3）学校や日常生活での失敗経験が多く，二次的に無力感や抑うつ，低い自尊感情などに繋がりやすい。
（4）コミュニケーション能力や決断能力の弱さがあり，フラストレーションや外在化の問題を生じやすい。
（5）社会的なスティグマがあり，そこから受けるハンディキャップがある。その結果日常生活や，就職の機会や，適応感や自己評価にネガティブな強い印象を持ちやすい。
（6）友だち関係においては拒絶・仲間はずれに遭いやすく，子ども同士のごっこ遊びや笑いが少なく，上下関係のある役割が形成されやすい関係になりやすい。
（7）社会性の発達が悪い。社会的な手がかりに対しての不適切な反応があるため，スティグマをもたれやすく，孤立しやすくなる。
（8）不平等な扱いや搾取・虐待を受けやすく，このことが問題行動や感情の問題を悪くする。

一方でわずかではあるが、利点として以下の点が指摘されている。

（1）自己評価は細かくしないで、全体的印象で行う。そのためある一面では好ましくなくとも、全体的なマイナス評価を払拭できる。
（2）社会的緊張状態や対人関係の失敗が、社会的支援を受けやすくする機会となる。

3）精神遅滞の生物学的背景
　最も重要には違いないが、ここでは割愛する。

3．学習障害の児童青年精神医学的背景
1）特殊な学習障害とは
　読み、ないし書き、ないし計算能力の各側面における個別の障害とされている。つまりその人の持つ全般的知能水準から見て、この3側面が、日常生活に支障をきたすほど、障害されていることを指す。一番の例は、私たち日本人の多くが外国に行けばそれを実感できる。英語圏の国に行けば、文字は読めるし、大体は書けるが、意味がわからない。会話を聞くと、時に聞き取れず、さらにその意味が理解できない。つまり、文字から意味の変換障害、聞き取り障害、意味理解の障害があるということになる。このような状態をdyslexia（読字障害）と呼ぶ。これが日常生活で生じていることは、どれほどのストレスか容易に想像できる。ここから学習障害の理解が始まる。そのようなストレスを解消するための学習支援が必要である。現在対応の進んでいる国では、入学試験で、文字を読んで理解できない視覚認知に課題のある子には、それを音声で聞かせるという代替手段も許されている。

2）理解されにくい学習障害

　人の能力は，千差万別であるが，まずはそれを実感することが必要である。それには，個人内能力差ということを知らなければならないが，現時点で一般的に知られているとは言いがたい。この知名度の低さが学習障害の問題点である。一言で言えば，極端な得手不得手があることである。美空ひばりの歌のうまさは，世界でも一級品だと誰もが思う。だが，彼女が陸上競技をやっていたらどうなったであろうか？　オリンピックでも活躍したと確信できる人は少ないのではないだろうか。

　このように個人内能力にはバランスの悪さ，ズレがある。学校では「一人ずつ違って，みんないい」と言いながら，通常学級での個別の教育支援には，高いハードルがある。特別支援を行う融通をもっと利かせないと，結局何も教えていない結果を招く。

　ここで，筆者自身の苦い経験を述べる。小学生時に多動であった子が，中学校で通級支援を受けた。そこでは落ち着きがないからと，やさしい問題をさせた。結局，その子は数学で全く教えられていない分野が生じてしまったのである。数年経って本人と話す機会があった。筆者が行った治療はよかったのか，本人に尋ねると彼は答えた。「よくわからんが，俺，平方根の解き方を教えてもらえなかった。だから高校受験できない」と。彼を中学卒にしてしまったのは，筆者の責任だ。悔やんでも謝っても，もう彼の意欲は萎えてしまっている。彼にとって中卒後の就労支援ももちろん大事であろう。だが，その前にきちんとした教育支援がされていただろうか。筆者自身の反省と，彼への贖罪のため，この話は機会あるごとに紹介している。

　最近，識字教室，識字学級が，減りつつある。それ自体，非識字率が減り，リテラシー教育が浸透してきたと思えばいいことだが，最近，外国籍を有する日本在住者とその家族が増えている。彼らも，私たちが海外旅行したときのようなコトバのストレスを受けている。すこし広い了見で彼らのための識字機会を増やすことが，将来の日本のためになり，広い意味で

の就労支援になるようにも思う。

4．広汎性発達障害の精神医学的背景
1）発見と理解の歴史

　広汎性発達障害，自閉症スペクトラム障害と呼ばれる障害は，1944年に，KannerやAspergerが，子どもたちのなかに特異的な状態を示す群を見つけてから，専門家のなかで知られるようになった。しかし，1970年代までは，本当はどのような子がそうなのかわからず，当時アメリカのKannerの下に留学されていた牧田清先生（児童精神科医，慶応大学，東海大学教授）にKanner型の症例であるというお墨付きをもらい，スイスに留学されていた平井信義先生（小児科医，大妻女子大教授）にAsperger型の症例であるというお墨付きをもらわないと，本当にその症例なのかどうかさえ，発言が躊躇された。若かった筆者は，これは土産比べではないかと思い，独自の診断基準も持てない我が国の児童精神医学に，落ち込んだ。

　その後，Rutterが器質要因を見出し，Wingが自閉症スペクトラム（Autistic Spectrum Disorder）へと概念を広げたことから，今の認識に至っている。

2）自閉症の基本的障害の理解

　かつては主要3症状といわれ，それは，対人関係の障害（接近と回避），ことばのおくれ，同一性の保持（同じものへのこだわり）の3点とされていた。この3症状があるとすれば，3つの別の病気が重なってない以上，この3症状には関連性があるはずである。以下，筆者なりの40年の経験からの見解である。

　自閉症の子どもが電車の絵を描いたり，電車の遊具を使って遊ぶ際には電車の動きを上から見るよりも，正面から見るのを好む。このように，彼らの世界は，空間を立体的に見ることがうまくできず，平面的にしか見え

ないのではないだろうか。そのため，複雑な動きのあるものより，文字や記号のような幾何学的世界のほうが安心できる。電車遊びで，筆者が彼らが置いた電車を走らせると，彼らはスイッチを切ってしまう（ほかの多くの子は走らせるほうを好む）。これも，動きの乏しいほうを好む特性を反映しているように思われる。

　この動きのない世界で，それぞれのモノ同士，人同士，モノと人同士の関係性はなかなかつかめない。さらにその関係性の背後には，さまざまな意味がある。この意味というものを理解することは，さらに難しくなる。

　例えば対人関係を見ると，人の動きは多様すぎるし，何をしようとするのかの行動の区切れのポイントはわかりにくいし（テレビを音声を消して見ているとその気持ちがわかる），時には目的のないような動きもある。そうなると，人という動物が近づくと怖いし，遠ざかると寂しい。そのため接近と回避を繰り返す。

　自閉症の子どもたちのことばの使い方も，関係性という観点からみるとわかりやすい。人とモノとの関係性をことばで表すと，「おやつ（を）ちょうだい」「ノートを買う」と言うように，人がモノを欲しい・手に入れる関係ではモノは目的格となる。「僕のおやつ」など手に入れたモノは所有格で表す。このように，人とモノとの関係性の変化とともに，使われることばは変化する。モノとモノとの関係では，「棚の中のおやつ」「机の上のノート」など，位置や場所や，大小の関係があるが，それを格助詞で表す。関係性が理解できないと，この格助詞の使い方がうまくできない。自閉症の子どもたちはこのような文法が苦手である。各関係を示す助詞の使用が遅く，使うと間違いやすい。

　人は常には，複雑な難しい世界に飛び込むより，同じことをしているほうが，安心できるし，楽しくもある。彼らの世界とて，同じに見える。同一性の保持という行為は，そのための彼らの安心と関心が保証された世界であり，安住できる世界であり，彼らが自らを守る防衛機制でもある。

　このように，日常生活に関するかなり多くの部分，具体的には，対人関

係，遊び，ことば，生活習慣などが，障害を受けることになる。このように障害が広範に及ぶことから広汎性発達障害と言われるのも，理解ができる。そして，年齢が上がると，症状が軽減することがあるとしても，適応がとても良いことは少なく，いろいろな場面での支援がいる。

　最近，基本症状は3つ組症状といわれる。対人関係に関心がないこと，コミュニケーションの障害，創造的な遊びが乏しい（イメージの世界の障害）とされている。これまでとあまり変わらないようにも見えるが，言葉の障害がはずれたことにより，概念が広くなり，混乱が生じていると思われる。スペクトラムという概念となり，典型的なKanner型の自閉症だけを指さなくなった。

3）診断の間違いやすさ

　広汎性発達障害は，幼児期から特徴的なため，診断が可能である。しかし，同様の状態は精神遅滞幼児にも見られる。その理由は，精神遅滞幼児の発達特性にある。彼らは幼児期，特に知的発達の水準が1歳半に達していないレベルにあるときは，対人関係の形成が遅れる。このために，精神遅滞と広汎性発達障害の見分けが難しくなる。

　最近は，成人になりネットやその他の情報を調べ，自分はこれではないかと広汎性発達障害の資料とともに受診されることもある。実際に当てはまる場合は，強い社会性不安が成人期になって目立つ場合である。当てはまらない場合は，軽度のうつ状態にあることがある。自分自身がうつ症状である気分変化やそれに付随して発症した症状に気がつかず，対人関係，仕事のミス，関心の乏しさが，当てはまるのではないかと思い込んでいるケースも多い。いずれにせよ，成人受診例の場合，鑑別は，時間をかけた丁寧な診断をするしかない。

4．発達障害の視点による統合失調症の精神医学的理解

　統合失調症は，主に20歳前から30歳頃までに症状が出現する精神疾患である。症状が出現した直後である急性期には他人に監視されたり，他人の考えが吹き込まれたりという妄想や幻覚が生じ，徐々に感情や意欲が乏しくなる人格の変化や孤立して社会的な関係が持てなくなるなどの慢性期の症状が出現する。

　症状を呈する年齢からするとこの統合失調症は発達障害には当てはまらず，現時点では発達障害には含まれない。一方で遺伝素因があること，対人的なストレスのある環境などが発症に関係することが従来から指摘されてきた。そのためこの病気の概念が確立された頃より，統合失調症は発達過程に関係する子どもの病気であり，脳神経組織に原因があると思われていた。特にこの20年来，明確な概念として捉えられるようになり，Sadockらの代表的な精神医学の教科書"Comprehensive Textbook of Psychiatry 8th Ed."に初めて一つの章 Developmental model of schizophrenia（Murray & Bramon, 2005）が与えられるようになった。ここでは早期発達障害および後期発達障害とされる背景を示す。

　早期発達障害説は，赤ん坊が母親のおなかのなかにいる胎生期に原因があるとする考えである。これを支持する根拠としては，先ほど述べたように遺伝素因がある，家族内で似たような性格や知能の特徴（注意力が持続しにくい，精神的混乱をきたしやすい，知能検査がすこしだけ低い）がある。また，脳の形態的な変化（統合失調症にかかっていないきょうだいも前頭葉，側頭葉と呼ばれる脳の一部が小さくなっている），分子生物学的特徴（脳神経細胞に見られるタンパク質や分子の変化）なども指摘されている。これらに影響を与える本人以外の他の要因として，風疹，母親のストレスが考えられ，周産期の影響としては，妊娠中の糖尿病，胎盤剝離（赤ん坊が生まれる前に胎盤がはがれてしまう状態），生下時体重2,000g以下（通常は2,500g以上），緊急帝王切開の影響がリスク要因として知られている。

　このようなさまざまな原因で，統合失調症の人はすでにお腹のなかにい

るときから脳にごく微細な変化が生じている。さらに，幼児期・児童期には発達の遅れや，社会性の乏しさを示すことが多い。今まで述べた胎児期の影響が，このような症状と関連しているのではないかと考えられている。

また，統合失調症の発症に及ぼす生活歴上の社会的リスク要因も知られている（Murray & Bramon, 2005）。それには，都会生まれや都会育ちのリスク，社会性が乏しいこと，移民の影響，違法薬物依存のリスク，不遇な環境での養育などが指摘されている。

後期発達障害説は，青年期に生じる脳神経の発達過程に原因があるとする説である。これには異常刈り込み（脳神経は青年期に神経の再構成が起きるがこのために神経細胞の刈り込みが起きる。それが過剰に行われること）や，脳内での神経細胞機能（神経網と呼ばれる神経伝達を担う部分が正常に比べて少ないためにおきる）の低下や，ドパミンレセプターの発達異常（ドパミンレセプターについてはADHDの項参照。ただし，ADHDとは別のメカニズムでの変化である）などの研究が根拠として考えられる。これに，青年期における環境リスク要因（例えば進学や職業選択といった自我同一性を築かなければならないストレスなど）が加わり，発症リスクを高めるとされている。

まとめると，統合失調症は赤ん坊から青年期初期に至るまでの生物学的な脳の発達の問題に，生活環境や青年期特有のストレスなどが加わって起こると考えられる。そうなると統合失調症も，広い意味での発達障害と捉えられるのではないだろうか。

III　精神障害や発達障害を理解するうえでの精神医学の特性

1．精神障害の理解の難しさの理由

精神障害の理解は難しいといわれる。その理由は，精神障害は精神障害者でない者が体験したことのない世界である，ということにとどまらない。

精神医学の特徴として，以下のような点があげられる。

（1）同じ症状を示していても，別の理由（精神病理）の表れであること（例：活動過多であっても，そう病のこともあればADHDのこともある）。
（2）逆に，同じメカニズムの精神病理であっても，示される病態（行動・態度・症状）は異なること（例：PTSDの不安の際，地震の場合は一人よりは皆と居るほうが安心できるが，SARSや大腸菌O157の場合など感染疾患の場合は皆と居ると不安になり一人のほうが安心できる）。
（3）症状は，感覚（痛い，暑い，しびれなど）的な訴えよりも，表出されるもの（言葉・態度・行動など）と，感情・思考（不安・気分の状態・考えの内容など）で示されること。
（4）そのうちの内在化症状（気分，感情，思考，意欲など）は，本人に聞かないとわからない（外在化症状は本人の陳述と他人の陳述はそう変わらないが）こと。
（5）年齢・知的能力などにより，同じ病名で，同じメカニズムでも，症状の出方が違うこと（例：ADHDのところで述べたように成人の場合と子どもの場合とでは異なる）。
（6）精神疾患は，疾患特異的症状（pathognomonic symptom：この症状があれば，この病気と診断できる。例：痰から結核菌が見つかれば，間違いなく結核であるが，いくら幻視が見えるといっても統合失調症とは限らない）に乏しいこと。

　今一つの理由は，精神疾患というものは実態はあるが，目の前に取り出せるかたちでは示されず，ある症状の群から作り出された一つの概念であるということである。たとえば，統合失調症は一つの概念である。概念なのだから，典型的な場合もあれば，そうでない場合もある。また，概念なので，解釈や受け止め方もまったく一致しているというわけではない。時代の影響を受けることもあるし，文化的影響も受ける。さらには，症状の群を構成している症状すらも，概念でもある。たとえば，抑うつ気分というのはよく知られているが，千差万別で，程度，内容，感じ方は異なる。

一方，だれかの何かの様子を見て，それをどう感じるか，おかしいと思うかといったことに関しては，素人も精神科専門医もほとんど変わりはない。気がつくところまでは，同じである。精神科医はその後，精神医学の知識と経験に照らし合わせて，それがどのようにして起こっているのか，なぜそうなったのかと考える。そしてしかるべき治療，対処法を考える。素人は自分の経験に照らし合わせて，想像する。そして感想をコメントしたり，評価をしたり，対応策を考える。そこが違うだけである。

2．精神医学の利用の仕方

　では，精神医学をどう利用すれば，私たちの役に立つものと思えるだろうか。精神医学は，（1）その出来事の精神的成り立ちを説明してくれる（正しい生育歴や現病歴の情報収集が条件ではあるが）。（2）生じた問題や障害には，対応法がいくつかある（薬物療法・精神療法・行動療法・環境調整上の手法など）。（3）もしうまくいかないなら，その後，修正した考えをしなおすことができる。（4）出来事や問題点の変化をチェックしたいなら，そのチェック方法，つまり評価の方法がある。（5）継続して，観察・チェック・対応することにより，さらなる対応を考えられる。（6）薬物を用いた治療法があり，かなりの大きな効果がある（薬物は脳神経機能の調節障害の調整をしている）。

　幸いなことに，多くの人々はこういった医学に，信頼を寄せている。そして，その利用者は，近代精神医学の恩恵をうまく利用し，受けているといえる。精神医学のほうは，期待を裏切らないように，一歩ずつ，その成果を積み重ねていくことである。とはいえ，現在のところ，それには限界もある。

3. 精神医学の利用の限界

精神医学の利用の限界と思われるものをあげる。

(1) 精神病理学が基本である（先に述べたように，精神病理学とは疾患や症状を概念化して扱う学問であり，すなわち目に見えるかたちで示しえない）。
(2) 個々の所見を整理し，概念化し，概念をまとめたものが病名である。つまり，個々の精神病理の実態はあるが，それが概念どおりではないことが多い。また概念は実体として提示不能である。
(3) その人物自体につけた概念ではない。人が示す事実の一部の状態につけたものである。したがって，その人を言い当てていることにはならない。
(4) 精神疾患は，一つの類型により示される。つまり，見本を提示しただけであるので，典型的でない場合には，必ずいろいろな角度からの議論が生じる。
(5) 教科書どおりの病態は少ない。「患者はその病気の本を読んでからくるのではない」といわれるように，典型例は少ない。
(6) 併存障害問題がある。通常は，ひとつの病名がつくと，そのことにより，かなりのその障害に関する説明ができる。しかし，重症の場合には，併存障害を伴うことも多い。そうすると，困難事例ほど一つの病名で説明することは不能となる。

IV 発達障害や精神障害理解を進めるにあたって

1. 今，障害者雇用が進んでいない事情の推測

精神障害者に対する配慮に関して，有名な言葉がある。わが国の精神医学の元祖ともいうべき存在であった，呉秀三東大教授が，精神障害に対する国会での参考人として呼ばれた際の言葉で，「我が国の精神障害者の不幸

は，この病にかかりたることの不幸に加えて，この国に生まれたることの不幸を重ねるものというべし」という趣旨の名言である。この後半部分は，精神障害に対する理解の乏しさを指している。その理解の乏しさゆえに，以下の問題が生じる。

1）障害者に対する先入観
　まず，わからなさがある。何を考えているのかがわからないため，自分たちと同じ考え・気持ちで類推することができない。やはりちょっと変わっているのではないか。何が起きるかわからない，なにか起きたら対応できるか自信がないという気持ちである。精神障害に関する知識・教育不足であるが，これを誰がどのように解消していけばいいのか，という答えはまだ出ていない。現在の体系的とはいえない散発的な社会教育でいいのか。呉秀三先生のいう精神障害は主として統合失調症を指していたと思われるが，このような頻度の高い，重症度もさまざまな病態のある疾患は，系統的に，学校教育で教えるべきではないだろうか。

2）社会性に対する心配
　会社で雇い入れたとして，皆とうまくやってくれないのではないか。人事管理上の問題が起きた際には，どう解決したらいいのかわからない。協調性がないのではないか。つまり，仕事とは，多くは，全体の流れや概要がわかっているからこそできるもの，協調性がなく役割分担ができないのでは，業務分担を任せられないのではないか。社交性が乏しいと，付き合いが悪いのではないか。どのような職場も人間関係がある。その職場の雰囲気に与える影響は，職場の士気や，盛り上がりといった雰囲気に影響しないか。

3）能力

　作業の遂行能力はどうか。与えられた仕事ができないのではないか。理解力については，相手のいうことがわからないのではないかといった不安がある。相互理解ができるのは，たまたま，自分の考えと似ているから，できるのであって，本当は，そうでない場合には，誰にとっても難しい。違うと，「あいつは変わったやつ」ということになる。時には，曖昧なよくわからないことが話題に上ることもある。隠喩や暗喩といった比喩表現が，使われることがあるが，それがわからないと，場の理解ができない，空気読めないといわれる。

　これらはすべて，精神障害に対する理解の問題で，精神障害をよく知る人ほど，偏見が少なく，スティグマを抱かない配慮ができる。つまり，現状は教育不足と言える。

2．これまでの仕事の教え方の発想とその限界

　言葉での表現が苦手と言われるわが日本人は，仕事を教える際にも，「見て盗め」「一隅を知って三隅を悟らば，すなわち教えず」の方式で，学ぶほうが，教えるほうの意図を汲み，教えられないうちに学ぶことが，賢いやり方と言われてきた。そんな人もいるであろうが，この頃はマニュアル社会である。教え方も変えなければならない。

　結局，「して見せて，言って聞かせてさせてみて，褒めてやらねば，人は動かじ」という山本五十六方式が，やはりうまくいくように思われる。これには，行動療法の原理原則がすべて含まれているからであろう。して見せてはモデリング，言って聞かせてさせてみてはアサーション（断行），褒めては社会的報酬，その結果，人は望ましい行動が増えるようになる。

　ワーキングシェアという言葉がある。経済的収入の視点からの労働の分配方法であり，同じ仕事を，分かち合うことである。一方，障害者から見たワーキングシェアも必要ではないか。仕事には，かなりの多くの部分が

ある。その一部を,シェアすることで,新しい仕事が生じる。これを分担することでよい。見方を変えることで,障害者は労働力と思える。今後の精神障害者の就業支援が,すこしでもスムーズに進むことを願っている。

文　献

Murray RM & Bramon E (2005) Developmental model of schizophrenia. In : Sadock BJ et al. (Eds.) Comprehensive Textbook of Psychiatry (8th Ed.). Lippincott Williams & Wilkins, pp.1381-1396.

Rubia K et al. (2005) Abnormal brain activation during inhibition and error detection in medication-naïve adolescents with ADHD. Am J Psychiatry 162 ; 1067-1075.

Thapar A et al. (1999) Genetic basis of attention deficit and hyperactivity. Brit J Psychiatry 174 ; 105-111.

Thapar A et al. (2005) Schematic diagram representing a dopaminergic terminal. Hum Mol Genet 14 ; 275-282.

Volkmar FR & Dykens E (2002) Mental retardation. In : Rutter M & Taylor E (Eds.) Child and Adolescent Psychiatry 4th. Blackwell Publishing, pp.697-710.

Wender HP (2000) Adult manifestations of attention deficit hyperactivity disorder. In : Sadock B & Sadock V (Eds.) Comprehensive Textbook of Psychiatry (7th Ed.). Lippincott Williams & Wilkins, pp.2688-2692.

第3章

青年・成人期における発達障害の理解と支援
―― 小児期から青年期に至るまでの成長過程と就労支援

糸井　岳史（明神下診療所）

I　はじめに

1. 発達障害の多様性と個別性

　近年注目されるようになった「発達障害」は，そのことばの表現する対象があまりにも広い。その状態像は，性別，知的レベル，発達特性のタイプやその特性の強さの程度，発達早期からの関連症状などの生物学的な素因としての多様性に，成長に伴う発達的変化，育ちのプロセスにおける個別性も加わり，支援を受ける当事者は一人一人が異なる個性のある存在として育つ（神尾，2008）。

　発達障害と医学的に診断されうる状態像の多様性を考慮すると，その特性を有する当事者への効果的な支援課題の設定や支援方法も，同じように多様性が求められるはずである。

　本稿では，就労が直接的な課題となる青年・成人期に至るまでの発達・成長のプロセスと，そこでの支援のあり方について論じるが，発達障害としての状態像の多様性と，当事者の個別性を前提としたい。

2. 青年・成人期に至るまでの育ちと就労

　青年・成人期に発達障害の診断と支援を求めて医療機関に来院する当事者の多くは，小児期から思春期年齢において発達障害の存在に気づかれず，特別な支援を受けることなく成人期に至っている。同じように，特別な支援を受けてこなかった当事者であっても，その状態像はさまざまである。就労形態には，一般雇用（正規雇用，非正規雇用）と障害者雇用があるが，どちらの状態もある。就労に至っていない状態にも，就労継続支援事業所通所，就労移行支援事業所通所，医療機関への通院，その他の多様な状態がある。

　乳幼児期から小児期の療育を担当する専門家からは，「大人になったときに就労で困らないために，子どものときに，どのような力をつけてあげるとよいのでしょうか？」という質問を受けることがある。また，発達障害と診断を受けた子どもの保護者からも同様の質問を受ける。しかし，支援を受けずに成人した，多くの当事者の一人一人から学べることは，その答えも一様ではないということである。生育歴上の家庭環境に恵まれず，加えて発達障害を抱えながらも，自力で一般就労に至った当事者もいれば，理解ある家族の愛情に恵まれ最大限の配慮を受けながら育ってきたにもかかわらず，就労に至らない当事者もいる。多様で広汎な症状を呈する発達障害の一人一人の子どもたちに，その発達上の特性や年齢段階に応じて，何をどのように取り組む必要があるのかについて，オーダーメイドで答えを出せるほど，私たちの発達障害についての理解・知識・経験は，成熟したものではないことを，支援者は自覚したほうがよいと考える。

3. 就労が可能になるには

　一方，障害者雇用も含めて就労が可能になった当事者には，複数の共通する特徴が認められる。それらの特徴には，発達特性の影響が大きい部分もあれば，成人期に至るまでの生育歴上の環境や支援の質の影響を受けた

と思われる部分もある。いずれにしても，就労が可能になった当事者の特徴を整理すると，小児期から成人期に至るまでに，必要とされる支援の方向性を確認できる。

そこで，本稿ではとりあえず就労が可能になった当事者の特徴を，筆者の臨床経験上の知識から整理する。

就労が可能になった当事者には，おおよそ以下のような特徴がある。

（1）肯定的な他者イメージがある：ある程度の時間を他者と過ごすことができる。
（2）支援に肯定的なイメージがある：相談・支援機関・支援制度を活用することができる。
（3）二次障害が軽症である：精神科的併存障害が軽症である。
（4）肯定的な自己イメージを持ちながら，現実的な自己理解ができる：自分にできることとできないこと，得意なことと苦手なことがイメージできる。苦手なことへの対処が，ある程度できる。
（5）自己コントロールができる：特に，時間やお金の使い方をコントロールできる。
（6）ストレス耐性がある：週5日程度勤務可能な精神力がある。
（7）体力がある：週5日程度勤務可能な体力がある。
（8）生活リズムが維持できる：基本的な生活習慣（睡眠－覚醒のリズム）が維持できる。
（9）生活スキルがある：身だしなみ，身体衛生，健康管理，整理整頓，炊事・洗濯・掃除・買い物，その他の家事全般，社会人生活に必要な生活スキルが，ある程度習得できている。
（10）社会的スキルがある：基本的なコミュニケーションスキル（例，あいさつ，返事），基本的な社会的スキル（例，職場のルールを理解し守る）が，ある程度習得できている。

これらの諸条件がすべて整わなければ，就労が困難になるとまでは言えないが，就労が直接的な課題となる青年期までに，準備がある程度できていることが望ましい。

4．支援（療育）に必要な視点

　上述の就労時に求められる条件を，支援という視点から整理すると，以下のようにまとめられる。

（1）パーソナリティの発達に関連すること
　　・肯定的な他者イメージを育てること
　　・支援を活用する力を育てること
　　・ストレス対処・感情コントロールの力を育てること
（2）二次障害を予防し治療すること
（3）肯定的な自己イメージを育て，自己理解できるように支援すること
（4）自己コントロールの力を育てること
（5）日常生活・職業生活に必要なスキルを育てること

　（1）〜（4）は，就労の前提となる条件である。直接就労を保障するわけではないが，これらの力が育つことで，就労（支援）のスタートラインに立つことができる。いずれもパーソナリティの発達と深く関連しているテーマであるが，本稿では便宜上，（1）〜（4）に分けて検討する。（5）は，直接就労に関連するので，子どものときから丁寧に育てていきたい。
　これらの視点を意識しながら，各年齢段階の発達的な特徴や必要性に応じて支援を組み立てていくことが，将来的な就労を視野に入れた支援となる。以下，上述の（1）〜（5）の視点から，小児期から青年・成人期の各年齢段階の特徴を踏まえた支援のあり方について考察する。
　本稿では発達の敏感期を意識して，小児期ではパーソナリティの発達と

スキルの習得について，思春期では二次障害の予防と治療について，青年・成人期では，自己理解と自己コントロールについて重点的に論じる。

II 小児期の発達障害とその支援

1. 発達障害のある子どもにとっての小児期

　幼児教育のなかでは発達特性上の偏りの存在を見過ごされてきた子どもたちが，小学校入学以降に気づかれるようになることがある。

　その要因の一つは，幼児教育と小学校教育との質的な違いである。幼児教育機関の多くは，遊びや製作活動・行事を中心に，一日の生活が組み立てられているのに対して，小学校では教科学習に生活の中心がシフトする。集団規模も，幼稚園・保育園と小学校では異なり，小学校の集団規模のほうが大きい。

　これらの環境的な変化や発達課題の高次化に伴い，社会的なルールの理解と規律に沿った集団的な行動が，幼児期以上に期待されるようになる。加えて年齢相応の生活習慣上の自立や学習能力も必要とされる。

　発達障害のある子どもは，新しい環境への適応が苦手なことが多いので，小学校入学の前後に，多くの努力と労力を求められる。授業中の着席持続，スケジュールに沿った行動，持ち物の管理，整理整頓，当番活動（日直，給食，掃除），集団遊び，教科学習などの小学校生活における諸活動は，発達障害のある子どもたちにとって，発達上の躓きのポイントになりやすい。

　このように小児期は，発達特性上の特徴が「弱さ」として現れやすい。しかしその一方で，子どもの発達的な可塑性も高い時期でもあり，周囲の大人たちのゆるやかに受け止める姿勢やあたたかい励ましがあり，子どものニーズに応じた支援があれば，小学校生活になじんでいくことは，それほど難しい発達課題ではなくなっていく。

発達障害のある子どもが，小学校生活を安心して過ごすことができるように支援することは，それ自体に大きな意味があり，長期予後にも肯定的な意味を持つ。しかし，ここでは「小学校生活への適応に向けた支援のあり方」全般について論じるのではなく，あくまで本稿のテーマである「就労」という視点に沿って，小児期の支援のあり方を考えたい。

2. 小児期に必要な支援
1) パーソナリティの発達に影響する支援について
　将来的な就労と関連させて，パーソナリティの発達について言及するのは，小児期は幼児期とともにパーソナリティの発達の敏感期と考えられるからである。この時期に安定したパーソナリティの土台を育むことができれば，思春期・青年期以降の精神科的併存障害と社会的不適応のリスクを軽減することができる（齊藤，2000）。

　将来的な職業生活を視野に入れると，他者への信頼感を持ち，安心して人と一緒にいられるようになることは，子どものときから意識的に育てたいパーソナリティの要素の一つである。またそれと関連して，他の人に相談することや，支援を活用できるようになることは，発達障害の程度にかかわらず，職業生活上のさまざまな課題に対処するための不可欠のスキルとなる。職業生活上のストレスに耐え，安定した生活を送るためには，ストレス耐性，ストレス対処スキル，感情コントロールの力も必要とされる。これらはパーソナリティを構成する要素のすべてではないが重要な一部分となる。

　これらの力を育てていくためには，子どものときから人と一緒に過ごすことが楽しいと感じられるような体験や，支援を受けてよかったと感じられる体験が蓄積されていくことが必要になる。特に小児期では，子どもの側から支援を求めることは少なく，周囲の大人が子どもに必要な支援を提供することで，子どもははじめて支援を受ける意味を身体的な感覚を伴っ

て理解する。小児期の発達障害のある子どもを支援する際には、療育の質や支援者のあり方が、直接パーソナリティの発達に影響することを、常に意識する必要がある。

2）感情コントロールとストレス対処スキル

　感情のコントロールやストレス対処スキルも、小児期年齢からすこしずつ育てていきたい。乳幼児期に感情的に不安定で、パニックや不安で動けなくなるほどの感情的な混乱をきたしていた子どもでも、小児期以降に発達特性に適した環境的な調整や、ゆるやかであたたかい支援があれば、子どもは心の安定を得ることができるようになる。

　環境調整や支援によって心の安定が得られたら、子どもたち自身の対処スキルも育てていきたい。特に将来的な就労を視野に入れたストレス対処スキルを想定すると、自分の感情を理解し表現する力を育てたい。

　発達障害のある子どもは、自分の気持ちを理解すること自体に難しさがある。そのため発達のプロセスとして、信頼できる人に自分の気持ちを理解されたうえで、丁寧に気持ちをことばにされる体験が必要になる。この体験を通して、自分の感情を理解し、整理し、表現する力が育つ。

　自分の感情を捉え表現する力を育てるための絶好の機会として、子どもがグチや不満や文句を言い始めたときがある。発達障害のある子どもが、「グチ」「不満」「文句」を言えるようになったら、それを諭して抑えようとするのではなく、「自分の気持ちがよくわかっているんだね」「自分の素直な気持ちを言えることは、いいことだよ」と、褒めて励ますゆとりが周囲の大人にほしい。「グチ」は、自分の感情の理解を土台として成り立つ表現であることに加えて、りっぱなストレス対処スキルにもなる。「グチ」を含めて、否定的な感情を押し殺すことなく、表現されることが認められ、受けとめられて育った子どもは、やがてグチだけではなく、自分の気持ちをアサーティブに表現する力や、人に悩みを相談する力も習得することが可能になる。

3）日常生活・職業生活に必要なスキルを育てる

　社会的スキルや日常生活に必要なスキルを育てていくことは，職業生活への直接的な影響が大きく重要な意味を持つ。ところが小児期の日常生活スキルの弱さは，周囲の子どもと比較すると特別ではないことから，著しく目立たない限り軽視されることになりやすい。特に学校生活では，「多動」「対人トラブル」「パニック」のように，周囲への影響が大きい行動は特別支援教育の支援目標になりやすいが，日常生活スキルの躓きは見過ごされやすい。「掃除」「整理整頓」「係・当番活動」「教科書・ノート・文房具類の管理」「プリント類の持ち帰りと提出」などの生活課題は，教科学習に比べると「かんたんなこと」に見えやすく，「そのうちできるようになるだろう」という根拠のない楽観論を招きやすい。生活課題の躓きの背後に隠れている，「実行機能」や「注意・記憶機能」の弱さは，意外にも理解されていないことがある。

　結果として大人になるまで，日常生活スキルの未習得が見逃されてしまうこともあるので，子どものときから学校生活やお手伝いを通して，日常生活スキルを育てていきたい。お手伝いには，買い物，掃除，整理整頓・物の管理（お片づけ），洗濯（洗う，干す，取り込む，たたむ），炊事（料理，食器洗い）などがあり，年齢段階に応じてすこしずつできるようにする。

　日常生活スキルの課題には，子どもの発達特性によって，すぐにできるようになる課題と苦手な課題がある。苦手なことができるようになる体験は，子どもが問題解決の方法を学ぶという意味でも貴重な機会となりうる。ただし「できないこと」を，やみくもに支援課題にするのではなく，支援者が子どもに成功させる見通しを持ち，実際に成功体験で終わるように支援したい。支援者側に見通しのない支援は，子どもの意欲を喪失させ，支援への拒絶感を植え付けることもあり，かえって迷惑である。スキルの難易度に応じて，短期的な習得を目標にできる課題と，中・長期的な課題を，支援者や養育者が整理しながら取り組むようにする。子どもが苦手な課題であっても，やり方がわかるように丁寧にモデルや手順を示すことで

習得できることもある。

　苦手な課題では，子どもがそのスキルの「必要性」を感じていないことがある。スキルを育てるためには，そのスキルの意味も伝えられるとよい。仮にその時点で伝わらなくても，スキルの習得を促すことは，それ自体が子どもにそのスキル習得の社会的な意味や大切さに注目させることにつながる。「今はできなくてもよいが，いつかそれができるようになることは，大切なことだよ」と，子どものなかにそっと置いておけるとよい。スキルが必要になった状況で，後からそのスキルの必要性に子ども自身が気づくこともあり，そのときまでゆっくり待つことも大切な支援の一つである。

4）スキル習得のパーソナリティの発達への影響
　青年・成人期に至るまで発達障害に気づかれず，日常生活スキルや基本的な社会的スキルの習得に課題を残していることがある。
　スキル未習得がもたらす問題の一つは，大人になっても「自立」への不安が強くなることで，養育者に対する精神的な依存性が高くなりやすいことである。その状態を専門家に「心の問題」として捉えられて，「パーソナリティ障害」と診断されていることもある。反対に，非常に依存性の強かった子どもがスキルを習得し，身の周りのことができるようになった後に，精神的に自立できるようになることもある。日常生活スキルや社会的スキルの習得は，将来的な就労という意味に加えて，子どもの自尊心や自立心にもつながることから，パーソナリティの発達にも影響する。スキル習得自体は，大人になってからでも遅くないが，精神的な自立という意味でも，子どものときから無理なく育てたい。
　一方で，「スキル習得」や「将来的な就労」自体を自己目的化し，そこに過剰に焦点を当て，先に述べた安定したパーソナリティの発達を軽視したような支援は疑問である。残念ながら，一部の支援機関で取り組まれている「就労を視野に入れた」療育的な取り組みのなかには，「スキル習得」を名目にした支援者の一方的な思い込みによる，スパルタ的な「療育」が

散見される。子どもは将来の「就労のため」だけに生きているのではない。このような「支援」によって、子どものパーソナリティの健康な発達が歪められるのであれば、本末転倒であり、将来的な就労をかえって阻害するという意味でも迷惑な支援と言える。

Ⅲ 思春期の発達障害とその支援

1．発達障害のある子どもにとっての思春期（中学校への進学に伴う変化）

　小学校から中学校に進学すると、新たな飛躍が求められるようになる。中学校への入学には、大きな環境的な変化が伴う。多くの中学校区は、複数の小学校区で構成されることから、小学校で築かれた友人関係は必ずしも維持されるとは限らず、新しく関係を作り直すことが求められることもある。

　加えて周囲の成長に伴い、友人関係の質も大きく変化し始める。チャムシップと呼ばれる同質性の高い集団のなかで、過剰な同調や協調性を求められるようになる。対人関係において不器用になりがちで、新しい関係を築くことや、同質性の高い集団に合わせることが苦手な発達障害のある子どもは、学校内で孤立しやすく友人関係における悩みを抱えやすくなる。

　二番目の大きな変化として教科学習面の変化がある。中学校の教科学習は、小学校と比較すると抽象度が高くなり学習量も増加する。成績評価の方法として定期試験も導入される。小学校時代に学習の躓きが見られなかった子どもでも、学習上の問題が現れやすくなる。

　三番目の変化として、学級担任制から教科担任制への移行が挙げられる。一人の担任が複数の教科を受け持ち、学習と生活全般の指導を行う小学校と、教科ごとに教師が入れ替わる中学校では、発達障害のある子どもの負担は著しく異なる。注意・記憶系に弱さがある場合には、忘れ物や提出物の未提出に見られるように、小学校以上に生活課題に躓きやすくなる。

上記以外にも，制服が導入される学校が多く小学校以上に生活指導が厳しくなる，放課後に部活動が始まる，3年生時には高校受験が視野に入るなど，中学校入学以後にさまざまな環境上の変化が生じる。周囲の同級生の成長も大きく，対人関係や学習面における意識や態度の変化に加えて，異性を意識し性に関心を持つことにも見られるように，興味・関心の対象の幅も広がりはじめる。学習，運動，芸術的技能面のさまざまな側面において個人的な能力差も，小学生の時以上に目立つようになることで，「他者との違い」に直面する場面も多くなる。

　以上のように，中学校生活を中心とする思春期年齢においては，対人関係，学業，生活面の自主管理，部活動，高校受験などのさまざまなストレス要因が存在し，そこに「他者との違い」を巡る葛藤も加わることで，ストレス過剰の状態におかれる可能性がある。

2．思春期に必要な支援
1）二次障害（精神科的併存障害）を予防し治療する

　周知のように思春期は，過剰なストレスを背景として，発達障害の二次障害が症状として表面化しやすい年齢となる。思春期の発達障害の支援には，二次障害の予防と治療の視点が必要とされる。可能であれば二次障害を予防し，すでに症状として現れているのであれば，軽症の段階で治療することが求められる。

　二次障害の予防と治療を強調するのは，二次障害の重症化はパーソナリティの発達を歪め，将来的な社会的自立を阻むリスクとなりうるからである。特に重篤な気分障害，回避的な性格特性の増強，被害関係念慮の併存は，思春期においては不登校や非行の，将来的には就労困難の要因となりうる。思春期から青年期年齢のうちに症状を軽減しておきたい。

　ところで，二次障害の成り立ちにはさまざまな要因が関与する。発達特性上の制約に伴う心身への過重な負荷があり，そこに心理的な発達にネガ

ティブな影響を及ぼす出来事が加わり，さらに不快感情のストレスに対する子どもなりの対処行動が生じて，相互に影響を及ぼし合いながら症状が形成される。

　上記の二次障害の成り立ちを考慮すると，発達特性上の制約によって生じる，中学校入学時の環境的な変化に伴うストレス，発達課題の躓き，対人的孤立，ストレス対処スキルの不足，自己イメージの混乱，ネガティブな出来事やそれに伴う不快感情への対処スキルに焦点を当てて支援することが，二次障害の予防につながるものと考えられる。以下に，これらの視点に沿って，二次障害を予防するための支援のポイントについて整理する。

2）二次障害を予防するための支援
　①中学校入学時の環境変化に伴うストレスの軽減
　近年では，「中1ギャップ」に伴う学校不適応が注目されていることから，多くの自治体において，小中学校の教育の不連続性を軽減しようとする取り組みが開始されている。環境の変化への柔軟な対処が苦手になりやすい発達特性を想定すると，効果的な制度上の工夫といえる。このような教育行政上のシステムがない自治体であっても，小学校時代の友人関係を配慮してクラス編成を行うことができれば，小中学校の不連続性を，ある程度回避することができる。
　②発達課題における躓きへの支援
　思春期の発達課題上の躓きのポイントには，対人関係，学業，生活習慣，部活動，対教師関係，高校受験などがあるが，何に躓いているのかを明らかにしていくことで，支援の焦点を絞り込むことが可能になる。例えば，学習面で躓いている子どもには，学習の遅れを補うことができるだけでも，学校は著しく生活しやすい場所に変わる。
　③対人的孤立を防ぐ
　思春期は，それまで対人的な志向性が弱いように見えた子どもたちのなかにも，人との関係性を強く求める気持ちが芽生え始める。しかし，その

気持ちに反して対人的に孤立しやすい年齢でもある。可能であれば支援を通して，対人関係が保障されることが望ましい。例えば，クラス編成や部活動において，子どもがかろうじて持てている関係性を維持できるように配慮することも支援の一つとなる。それでも孤立してしまう場合には，教師やスクールカウンセラーが，子どもとの良好な関係を維持し，継続的に個別的な面接時間を保障することができるだけでも大きな意味を持つ。

3）ストレス対処スキルを育てる

　子ども自身の対処行動自体が，二次障害の症状であることもある。例えば，対人的な孤立を防ごうとすることが，反社会的な価値観を持つ仲間との交友関係や，それに続く万引きなどの非行につながっていることがある。同様に，不快な体験や感情の侵入的想起への対処機能を，不登校や性非行が担っていることがある。

　これらの例に見られるように，二次障害には「対処」としての意味があることから，二次障害を軽減・克服していくためには，環境調整や周囲との関係性への配慮に加えて，子ども自身に，不快感情へのストレス対処スキルを育てていくことが必要とされる。以下，子どものときから育てておきたいストレス対処スキルの一部を紹介するが，これらのスキルが，成人後の職業生活にも活用できることは言うまでもない。

　発達障害に伴ってうつ病を併存しやすい子どもの場合，学校に過剰適応し，がんばりすぎて疲弊してしまう傾向が認められることが多い。学校教育のなかでは，「努力を惜しまないこと」や「がんばること」が強調されがちであるが，過剰適応を起こしやすいタイプでは，むしろ「手を抜くこと」「力を抜くこと」「休むこと」をスキルとして習得できるように支援していく必要がある。成人後では，「休むこと」に罪悪感や敗北感を抱くようになることがあるので，子どものときから，「疲れたら休む」ことは当たり前のことであり，手を抜くことや休むことにマイナスのイメージを持たせないようにしたい。

「休むこと」ができない要因の一つとして，発達障害に伴う身体感覚の希薄さがある。「疲れた」という身体感覚を認知できないまま動きすぎてしまうので，疲れを感じたときには動けない状態になっていることさえある。身体感覚が希薄な子どもには，疲れ果てる前の段階で気づけるように，セルフモニタリングのスキルを身につけさせたい。はじめから身体感覚としてモニターできなくても，疲れると「朝，学校に行く気がしなくなる」「怒りっぽくなる」「いつもより食欲が増す」「睡眠時間が増える」などの行動的あるいは感情的な指標に気づけるようになることで，疲れ果てる前の「身体が疲れた状態」を把握できるようになる子どももいる。

　「手を抜く」「休む」といっても具体的にどうしたらよいかわからない子どもが多いので，具体的な休み方は，学校の環境と，子どもの発達特性に応じて一緒に考えていく必要がある。例えば，学校のなかで安心できる場所を探すことも一つの方法で，保健室，相談室，図書室などを挙げる子どもは多い。休み方としては，休み時間に「本やマンガを読んでやりすごす」「保健室や相談室でくつろぐ」「うるさいと思ったら，静かなトイレに行く」などの方法がある。学校の休み方としては，「行事を休む」，疲れたら「早退・遅刻」をする，「年休が20日あると考えて時々休む」といった方法を提案することで，休めるようになることがある。

　不登校に至りやすい子どものなかには，自分にとって学校生活の何が不快かを認知できずに，ストレッサーを回避することもできず，心理的ストレスが身体症状化してしまう子どももいる。親，教師，カウンセラーらが「何か，学校に嫌なことでもあるの？」と質問しても，「学校に嫌なことは何もない。ただ，朝起きると頭が痛くなるので学校に行けないだけ。頭が痛くならなければ，絶対学校に行ける」と答える。このような子どもたちには，最初から相談することを求めるのではなく，「Ⅱ　小児期の発達障害とその支援」で紹介したように，とりあえず「グチや不満が言えるようになる」ことを目標にしたい。「他の人に話をしてよかった」「何となく楽になった」「グチを言ってわかってもらえると，気持ちが軽くなる」という体

験を通して，自分の気持ちを理解し表現する力を育てたい。自分の気持ちを理解し表現できるようになると，徐々に学校生活の出来事と自分の内的な反応を，因果的に認知する力も育つ。

　二次障害の有無に限らず，発達障害のある子どもに保障したいストレス対処の一つとして，最後に挙げておきたいのは，「一人ですごす時間」を保障することである。家や学校で，ずっと一人ですごしていることもマイナスだが，反対に一人ですごす時間が全くないことも，発達障害のある子どもにとっては大きなストレスになることがある。一人になって，静かに好きなことをしてすごす時間を，毎日1〜2時間は認めてもらえることで，さまざまなストレスをやりすごす力が回復することもある。そのような意味で，一人の時間も保障したい。

4）思春期における自己理解を巡って
　思春期は自己理解を巡って葛藤が見られる時期でもある。そのためか，学校の教師や養育者より，子どもへの発達障害診断の告知が，医療機関に要請されることがある。特に学校や家庭における子どものふるまいに，教師や養育者が困惑させられるような状態のときに，要請を受けることが多い。しかし，状態が悪いときに「告知」をすれば，子どもは発達障害を「悪いことにつける名前」と誤解するだろう。自己を理解する力をもった子どもは，自己について悩み，自己を誤解する力を持った子どもでもあることを，周囲の大人は知る必要がある。

　発達障害の有無や程度にかかわらず，思春期という年齢は，自分の弱さを半ば意図的に否認し，「強がる」ことで自分を守り，大変さを乗り越えようとしている時期ともいえる。子どもが，自分の困難さを克服しようと懸命にがんばっているときに，「発達障害」に直面させることは，子どもに無力感を与えてしまうことにもなりかねない。

　子どもが，他者との違いや，自分の「困る部分」を，自己の一部としてイメージできるようになるためには，他者から肯定的に理解される体験や，

心地よい支援を受ける体験があり，加えて自己の発達特性に伴う「困ること」に対処する力が育つことが前提になるのではないだろうか。

　そもそも，自己イメージは，さまざまな体験を積み重ねながら，年齢とともにゆっくりと育まれていくものであり，特に子どもの場合には，心理検査で明らかにされた「発達特性」を言語的に情報提供することや，医学的な診断名を「告知」することによって促されるものではない。言語情報に頼った安易な「フィードバック」や「告知」は，小児期・思春期に行われても，子どもにとって意味を持たないと考える。

IV　青年・成人期の発達障害とその支援

1．青年・成人期の環境の変化と発達課題

　青年・成人期になると，いよいよ就労が直接的な発達上の課題となり，学生生活から職業生活への移行が求められるようになる。当事者にとって職業生活への移行が困難な課題となりやすいのは，職業生活においては，社会性，想像力，注意機能，実行機能に負荷がかかりやすく，生活スキルの習得，自己の発達特性の理解と対処，などの苦手な課題が求められるからである。これまで見てきたとおり，これらはいずれも小児期からの積み重ねを必要とする課題である。

　青年・成人期には，就労以外にも重要なライフイベントや発達課題がある。異性との交際，結婚し家庭を持つこと，余暇活動を含めた時間の管理，金銭管理，健康管理，身体衛生の維持といった生活の主要な部分を自己コントロールできるようになることも，大人として求められるようになる。

2. 青年・成人期の発達障害の特徴

　発達障害のある当事者は，職業生活への移行をはじめとする発達上の課題に躓くことで，強い挫折感や敗北感を抱くことがある。また，多くの当事者の相談内容に，周囲との比較の問題がある。きょうだいやいとこ，同級生らが，就職，結婚・出産，不動産購入などのライフイベントを，当然のように通過していくことを目の当りにする度に，揺さぶられると訴える。

　青年・成人期は，当事者にとって，もともと持っていた発達特性と，それまで積み重ねてきた生育史上の経験や習得されてきたスキルが，「職業生活への移行」というテーマを通して，本人にも周囲にも見えやすくなる時期である。これらのことを契機として，青年・成人期には就労支援を含めて支援のニーズが高まる。ただし，その「支援のニーズ」は，「挫折感・敗北感」「将来への不安感」を伴う体験から出発する場合があることを，支援者は理解する必要がある。

　思春期以前の年齢と，青年・成人期年齢以降の違いとして，自分のことを理解したいと思う気持ちが強くなりやすいことも挙げられる。「自分はなぜ就職できないのか」「なぜ，人生上のさまざまなことが上手くいかないのか」，少なくない数の当事者が，現在の状態とこれまでの生育歴上のエピソードについて，「発達障害」という視点から整理し理解したいと考えるようになる。

　他の年齢段階と異なる特徴として，二次障害が重症化しやすいことも指摘できる。気分障害（うつ病），睡眠障害，統合失調症様状態，PTSDなどのさまざまな精神疾患が併存している当事者がいる。このような二次障害の重症化も，社会的自立を妨げる要因となり得る。

3．青年・成人期の発達障害に必要な支援

1）就労支援の前に，必ずアセスメントを

　青年・成人期では，就労が直接的な支援のテーマになることは，既に述べた通りであるが，就労が支援のテーマになるからといって，目の前に相談に来ている当事者にとって，今すぐに取り組むべき課題が，就労であるとは限らない。例えば二次障害として重篤な気分障害を抱えている場合に，優先すべき課題は就労支援ではなく気分障害の治療である。

　就労を希望する青年・成人期の当事者に対して，最初に行う支援は，就労支援が当面の課題になり得るか否かについてのアセスメントである。二次障害の有無や重症度，習得されてきた生活スキルのレベル，自己理解の妥当性や発達特性への対処スキルから，就労支援の対象か否かを判断する。

　アセスメントを重視する必要があるのは，就労が現在の課題とはなりえない当事者に対して，善意であっても「就労支援」をすることで，二次障害が重症化してしまい，社会的な自立がかえって遠のいてしまう場合があるからである（小川，2009）。

　就労支援の対象と判断できれば，一般就労か障害者雇用か，就労支援が当面の課題とはならないと判断された場合には，就労のための準備（トレーニング）が可能か否か，二次障害の治療の必要性などについて判断する必要がある。「就労支援」と言っても，一般就労と障害者雇用，あるいは障害者雇用を目指すためのトレーニングでは，支援の内容は異なり，目指す方向性に沿った支援内容を検討する必要がある。

2）自己理解に向けた支援

　現実的な自己イメージをもち，自分の発達特性を理解することは，職業的な適性を判断する際の前提となる。職務遂行上においても，自分にできることとできないことの区別や，与えられた仕事が，自分にとってどの程度の労力や時間を伴うかをイメージできることは，自分が引き受けられる

仕事か否かを判断することや，段取りをつけるうえで必要となる。

　自分を理解する力や自己イメージは，既述のように，子どものときからさまざまな体験を通して，ゆっくりと丁寧に育てられることが望ましい。しかし，青年・成人期になると，本人が自分の発達特性を正確に知りたいと望むことが多くなることから，当事者の自己理解を積極的に促しながら支援を行うこともあり得るという点で，他の年齢段階の支援とは異なる。

　当事者が自分を理解するための方法として，医学的な診断の告知や，それに伴う心理検査の施行とフィードバックがあるが，診断や告知には慎重さが求められる。近年の「発達障害」への過剰な注目の影響を受けて，診断を必要としない程度の微妙な発達上の偏りを持つ当事者が，不安に駆られて専門機関を利用することも増えている。必要がない当事者に対する過剰な診断は，本人にとってマイナスの影響を与えることもある。客観的な状態像としては，診断を必要とする当事者であったとしても，診断を受けることが本人にとってのテーマとなっておらず，診断を望んでいないこともある。このような場合には，「診断」が誰のどのようなニーズによって要請されているのかを確認したうえで，診断と告知の必要性が判断されることが望ましい。

　診断を必要としている当事者に対しては，本人が納得できるように，心理検査結果や生育歴情報の具体的な事実に基づいて丁寧に情報提供することが求められる。心理検査の質的な特徴が，当事者の生活上の困難さと関連づけられて解釈されたうえで，型通りの「発達障害」の知識の提供ではなく，その人固有の発達特性や特徴に沿って理解され，これまでの生活上の困難さへの具体的な対処方法がフィードバックされることが求められる。「字義通り性」や「強迫性」の発達特性の強い当事者では，一度提供された情報との心理的距離を取ることが難しく，情報を相対化することが苦手で，その影響を良くも悪くも強く受け続ける。中途半端で不正確な情報提供は自己理解をむしろ妨げる。

3）就労に関連するスキルの習得

　青年・成人期には，子どものときから育てたい日常生活やコミュニケーションのスキルに加えて，就労に直接関連するスキルの習得を促していきたい。就労に関連するスキルは，就職活動に関連するスキルと，職業生活への適応に必要なスキルに分けられる。

　就職活動に関連するスキルには，求人票の読み取り，履歴書の作成，就職面接，就職活動の段取りなどがあり，発達障害のある当事者は，それぞれに躓きやすいポイントがある。何にどのように気をつければよいのか，どうして気をつける必要があるのかを，支援者はポイントを押さえて伝える必要がある。

　職業生活の適応に必要なスキルには，職務の遂行，勤務態度，対人関係のスキルがあるが，これらすべてを短期的な「訓練」によって補うことは難しい。発達特性に合った職業の選択をはじめ，自己理解と併せて進めていく必要があるだろう。

4）自己コントロールの力を育てる

　青年・成人期に至るまでに，自己コントロールの力を育てていくことは，就労を含めた，大人としての生活を送るために必要である。特に時間・スケジュール管理，金銭管理，健康管理，身体衛生管理の力は，職業生活に直接的な影響を及ぼす。「好きなことを好きなだけ」「やりたいことをやりたいだけ」行うのではなく，自分の欲求をコントロールしながら生活する力が求められる。

　しかし，自己コントロールの力を，「欲求を我慢する力」と狭く捉えてしまうと，「我慢」を強いることが支援であるかのような誤解が生じる。自己コントロールがうまくいかないことがあるのは，「我慢する力」がないのではなく，我慢をすることによる時間的未来に生じるメリットや，我慢しないことによるデメリットを予測しイメージする力が弱いことや，自分が目指している方向性や目的と「我慢すること」が結びつかないこと，「やりた

いことをやる」以外の代替的な選択肢を想像することが困難であることが背景要因としてある。したがって，自己コントロールの力を育むための支援は，自分の行動の結果を予測できるようにすること，将来的な目的・自己の動機に沿って自己を制御できるようにすること，複数の行動の選択肢を想起し，状況に応じて柔軟に選択できるようにすることが，支援の方向性として必要となる。

V　おわりに

　発達障害という特性を抱えながらも，働くことができるようになることは，当事者にとっても，支援者にとっても喜ばしいことであるに違いない。
　しかし，発達障害の支援に携わる者として，発達障害の就労支援への過剰な注目には，危惧をいだくこともある。というのは「就労支援」や「キャリア教育」が，暗黙のうちに，就労が当面の課題とはなりえない状態にある当事者にまで，就労を強要するものになっていることがあるからである。「このままでは将来が大変」「ニートになってはならない」といったことばが，当事者に直接向けられてしまうこともあり，そのことばに象徴される支援者の態度が，発達障害のある当事者の社会参加を，反対に阻害してしまうほどの心理的圧力となることがある。
　職業生活への移行が困難になっている多くの当事者とお会いすると，本人や家族の努力不足がその原因ではないことがすぐに理解できる。反対に，診断や支援を受けることなく，発達障害に無自覚なまま就労し，社会的に成功している当事者も多数いる。両者の違いに注目すると，就労の可否を分けているのは，「努力の差」ではなく，微妙な発達上の特性の違いや，支援も含めた環境的な条件の違いであることに気づかされる。発達障害の就労の問題は，当事者への心理的な圧力を高めることによって解決できる問題ではない。

もっと，個々の状態像に応じた多様な就労や自立のあり方が，社会的にも認められることが必要なのではないだろうか．就労支援が，発達障害のある当事者を追いつめるのではなく，希望を育むようになることを強く望みたい．

文　献

神尾陽子（2008）自閉症スペクトラム障害の発達認知神経科学的理解．神経心理学 24 ; 32-39.

小川浩（2009）発達障害と就職の現実．そだちの科学 13 ; 111-115.

齊藤万比古（2000）注意欠陥／多動性障害（ADHD）とその併存障害―人格発達上のリスクファクターとしてのADHD．小児の精神と神経 40 ; 243-254.

第4章

社会的自立と就労に向けての課題

三宅　篤子（国立精神・神経医療研究センター精神保健研究所）

I　最近の医療・福祉・就労支援の分野で起こっている問題

1．法制度上の変化

　発達障害者の社会的自立と就労に向けての課題を考えるにあたって，法律や支援制度に関する最近の変化を理解することは重要である。2006年4月から実施された障害者自立支援法の対象には，2004年12月に成立した発達障害者支援法に規定されている発達障害が含まれていなかった。発達障害者支援法によると発達障害とは，「（1）自閉症，アスペルガー症候群，その他の広汎性発達障害，（2）学習障害，注意欠陥多動性障害，（3）その他これに類する脳機能の障害であってその症状が通常低年齢において発現するもの」と規定されていたが，障害者自立支援法の障害の対象は，身体障害，知的障害，精神障害に限定されていた。

　2010年12月になってようやく障害者自立支援法の一部改正が行われ，発達障害が含まれることとなった。また，障害者自立支援法の重要な問題点とされていた利用者負担（定額負担）が，利用者の家計の負担能力に応じた「応能負担」となることも決定された（『官報』，号外第262号，2010年12月10日）。これらのことを通じて，発達障害者への支援には今まで以上の社会的裏づけが保証され支援のための法整備には大きな進展が見られた。

　以下に，最近の青年・成人期の発達障害者の現状について医療・福祉・

就労の各領域にみられる主要な問題を明らかにしていきたい。

2．医療的領域

　最近，就職後の不適応行動で高機能自閉症やアスペルガー症候群が疑われ，就労支援機関から紹介されたり，本人や家族が自らの診断を求めて医療機関を訪れるケースが増えている。杉山（2009）は，最近の精神科外来で起こっていることとして，成人の発達障害者が診断と治療を求めてきて来院するケースが増加しており，成人の高機能広汎性発達障害（550名）のなかには，気分障害94名（17.1%），不登校68名（12.4%），解離性障害47名（8.5%），強迫性障害30名（5.5%），統合失調症様状態15名（2.7%），行為障害ないし犯罪37名（6.7%）などの合併症が多く存在することを報告している。

　これらの問題に対して，衣笠（2010）は，18歳以上にさまざまな精神症状・行動障害を主訴に受診し，神経症，パーソナリティ障害，躁うつ病，統合失調症などの精神科疾患を抱えているが，精査を行うと背景に高機能発達障害が存在する症候群が存在することを明らかにした。衣笠はこれを「重ね着症候群」と定義し，診断法，経過・予後，治療法に関して精神疾患との差別化を行う必要性を強調した。成人期に達した発達障害者の抱える問題に対応することは，精神科領域のなかでも重要な課題になってきている。

3．福祉的領域

　発達障害者支援法の実施に伴い各県で発達障害者支援センターが設置され，発達障害者への相談・支援が開始された。発達障害情報センターの統計（2005-2008）から作成した図1からは，成人の相談ケースの増大が見てとれる。その他のいくつかの発達障害者支援センターの実績報告によると，

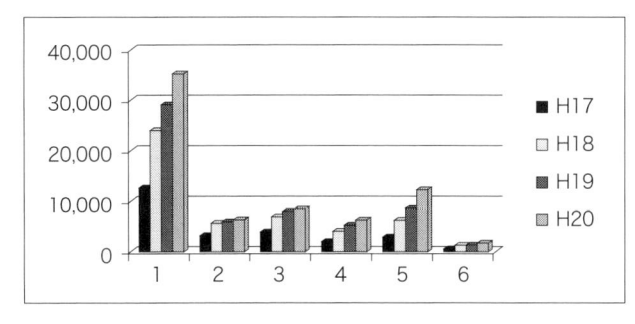

図1 発達障害者支援センター実績（年齢別）（H17～H20年の実績から作成）

1	総数
2	0～6
3	7～12
4	13～18
5	19以上
6	不明

（1）母親とともに本人からの相談が多い，（2）就労，アルバイトと同程度に在宅の割合が多い，（3）障害の種類としては高機能広汎性発達障害が多いなど，青年・成人の発達障害者の問題の増加の傾向が見てとれる。

4．就労支援領域

就労支援センターなど就労支援機関でのケースからは，発達障害者への支援に共通する困難や課題が存在することがわかった。土岐・中島（2009）は，高機能広汎性発達障害者の就労支援の問題点として，就労支援の開始以前に，（1）職業リハビリテーションに移行できる準備が整っておらず，（2）生活リズムの不安定さ，精神科治療が優先される病的状態，本人の意欲不足，就労イメージの希薄さなど，就労以前に解決すべき問題が残っていると指摘した。また，支援機関側の発達障害の理解の不十分性，準備支援のプログラムや実施のための場も不足している点も指摘し，本人の障害の診断・告知の問題も重要で，障害に対する家族・本人の理解，障害者雇用への啓発が不可欠であるとしている。

望月・内藤（2009）は，就労支援を効果的に行うための課題として，「職業適性・職業興味を自己評価でなく客観的基準に照らして行うこと」「職業

リハビリテーションの利用の検討」や「企業の合理的配慮」が必要とした。また，広汎性発達障害のある青年・成人を対象としたヒヤリング調査の結果から，就労困難から自己の障害について認識の始まるケースがあり，本人や家族の障害の理解を支援する必要性や，障害特性に配慮した就労機関内外の訓練の重要性を指摘した。

II 文献に引用された事例の分析

　発達障害者には社会的自立や就労にかかわるどのような困難が存在するのか，またその不適応行動はどのような過程で発生するのかを明らかにし，支援の手掛かりを得るために青年・成人期の発達障害の分析を行った最近の論文に掲載された事例の分析を行った。
　2000 〜 2010 年に主要な学会誌に掲載された以下の 8 個の論文中にある 22 事例の分析を行った。

表1　事例分析に使用した文献および事例数

No	文献名	事例数
1	青木省三（2007）成人期の広汎性発達障害への援助．そだちの科学 8；47-54.	5
2	浅野路恵（2008）成人広汎性発達障害者への生活支援．東京精神科病院協会誌 別冊23；271-274.	2
3	亀岡智美（2009）引きこもりに見られる課題．In：橋本和明 編：発達障害と思春期・青年期―生きにくさへの理解と支援．明石書店，pp.195-217.	4
4	木谷秀勝（2009）高機能広汎性発達障害の高校年代の支援．児童青年精神医学とその近接領域 50-2；113-121.	4
5	熊上崇（2009）アスペルガー障害を有する触法少年の司法場面における行動特徴．児童精神医学とその近接領域 50-1；16-27.	2
6	新澤伸子，梅永雄二（2009）　就労における課題．In：橋本和明 編：発達障害と思春期・青年期―生きにくさへの理解と支援．明石書店，pp.217-247.	2
7	杉山登志郎（2009）成人の発達障害―発達障害と精神医学．そだちの科学 13；2-13.	2
8	土岐淑子，中島洋子（2009）高機能広汎性発達障害の就労支援．児童青年精神医学とその近接領域 50-2；122-132.	1
		計22

1．事例の概要

表2　性別

男	12
女	9
不明	1
計	22

表3　年齢

年齢	18歳以下	20代	30代	40以上	計
	7	10	4	1	22

2．分析のポイント——事例から得られる特徴

　各事例の記述に沿って，(A) 障害特性にかかわる特徴，(1) 言語・コミュニケーション，(2) 社会性，(3) 不適応行動や二次障害，(B) 発達の経過にかかわる特徴，(4) 発症のきっかけ，成育歴 ((5) 乳幼児期の特徴，(6) 学童期の特徴，(7) 青年・成人期の特徴)，(C) 適応を促進する特徴，(8) 性格，適応行動・ストロングポイントについて記述のなかからエピソードをピックアップし，それをキーワードごとに整理した。

　言語・コミュニケーションに関しては，言葉の遅れ，口下手など，言語行動の遅れや少なさに関するものや，話し方が奇妙，一方的など奇妙さにかかわる特徴があることがわかる。

　社会性に関しては，孤立・一人遊び，団体行動が苦手など，社会的孤立や社会関係形成困難を主とする特徴と，ルールの厳守のしすぎ，いじめにあう，対人関係の混乱，など不適応行動にかかわる特徴，自己不全感など感情や自己認知にかかわる行動特徴が多く記載されていた。

　不適応行動としては，融通が利かない，指示を守りすぎる，行動の奇妙さなど行動特徴に関すること，睡眠障害，フラッシュバック，うつ病・うつ気分など精神疾患にかかわる行動，ひきこもりや生活上の適応に関する行動特徴が多い。

　どのような行動や出来事が，受診や相談に至るきっかけになったのであろうか。さまざまな社会的困難やトラブル，それの原因と思われる行動特徴を持ちながらも何とか社会適応してきたケースも，青年・成人期になんらかのきっかけや困難の蓄積の結果，さまざまな問題行動や精神疾患の発

表4 障害特性にかかわる特徴
① 言語・コミュニケーション

内容	遅れ・苦手				奇妙さ		
	言葉の遅れ	コミュニケーション困難	口下手・無口	感情表現苦手	何度も同じことを言う	一方的にしゃべる	話し方奇妙
数	4	1	3	1	1	1	1
計	9				3		

記載数（複数カウント）

表5 障害特性にかかわる特徴
② 社会性

内容	孤立・苦手					トラブル・不適応							感情	
	孤立・一人遊び	友だちがいない・友だちの輪に入れない	友だちとのコミュニケーションのストレス	少数の友人	友だちと別行動・団体行動苦手	ルールの厳守しすぎ	不公平感にこだわる	いじめにあう	友だちの反発	家族への暴力	対人関係の混乱	職場不適応	自己不全感・不安感	他者の感情理解不可
数	4	3	1	1	3	2	1	4	2	1	2	1	6	1
計	12					13							7	

記載数（複数カウント）

表6 障害特性にかかわる特徴
③ 不適応行動や二次障害

内容	行動特徴								その他の障害			適応障害
	後始末できない	融通が利かない・こだわり・予定変更に弱い	パニック	仕事覚えが悪い	指示を守りすぎる	些細なことで荒れる	興味の偏り	行動の奇妙さ・チック	感覚過敏	睡眠障害	フラッシュバック	うつ病・うつ気分	ひきこもり・ニート	適応障害（不安感，不能）不登校 家事
数	2	7	2	1	1	1	2	3	4	1	1	2	1	3
計	19								8			4

記載数（複数カウント）

表7　発達の経過にかかわる特徴
④　発症・受診・相談のきっかけ

内容	比較的明確なきっかけ									きっかけが不明確					
	上司の叱責で自殺企図	卒論作成で混乱	心身症状で不登校	夫の転勤・転居で混乱	就労不能・困難	就活で混乱	進学で混乱	不正をただし逆襲される	出産後抑うつ	視線恐怖	ひきこもり・不登校	不安感・抑うつ気分	フラッシュバック	被害感・恨み感・不公正感増加	社会的トラブル
数	1	1	1	2	3	2	5	1	1	1	5	3	1	2	1
計	17										13				

記載数（複数カウント）

症，医療機関の受診，福祉機関への相談に踏み切り，その結果として治療や相談・支援が開始された。

興味深いことは，このような状態になる際に，上司の叱責，就労の失敗，夫の転勤，進学や就活など，大きな生活環境の変化をきっかけにしていることである。他方，このような明確なきっかけがなく社会的トラブルの継続，不公正感情の蓄積，ひきこもりや不安感・抑うつ感から受診・相談に至る場合も多い。

上記のきっかけに至るそれまでの成育歴の経過を，乳幼児期，学童期，青年・成人期に分けて特徴をまとめた。

乳幼児期は，友だちがいない，一人遊びが多いなど社会対人関係にかかわる特徴と，興味の偏り，変わった子（とみられる），感覚過敏などの行動特徴が多く記載されていた。

学童期には，友だちからいじめにあう，ルールを守りすぎるためのトラブルなど，主に同年齢の生徒集団との関係困難や，行動の奇妙さ，興味の偏り，感覚過敏，フラッシュバックやパニックなどの行動特徴の記載が多い。

青年・成人期に関しては改めて記載がないが，次項の発症・受診・相談のきっかけが大きな行動特徴となる。それ以外には，この表にあるように，

表8 発達の経過にかかわる特徴

⑤ 成育歴（乳幼児期）

内容	社会対人関係					言語		行動特徴							
	友だちがいない	一人遊びが多い	模倣少なし	いじめられる		言葉の遅れ、奇妙さ	変わった子ども	興味の偏り・こだわり	神経性習癖（チックなど）	パニック	感覚過敏	発達的遅れなし	問題なし	得意分野あり	運動苦手・多動
数	6	3	1	1		5	2	3	1	2	3	1	1	1	2
計	11					5		16							

記載数（複数カウント）

表9 発達の経過にかかわる特徴

⑥ 成育歴（学童期）

内容	社会対人関係							行動特徴						
	いじめにあう	同級生と別行動	友だちとの会話にストレス・障害	孤立がち	指示に応じない	ルールを守りすぎるためトラブル	就学不能（不登校）・成績不良	家族とのトラブル	奇妙さ有り・興味の偏り	成績問題なし	常同行動	こだわり・パニック	感覚過敏・チック	フラッシュバック・恨み観を持つ	趣味が見つかる
数	9	1	2	3	1	3	4	1	2	2	1	3	3	2	1
計	24							14							

記載数（複数カウント）

表10 発達の経過にかかわる特徴

⑦ 成育歴（青年・成人期）

内容	社会対人関係								行動特徴				
	少数の友人	いじめを受ける	対人関係についていけない・トラブル	他学生とトラブル	恨みを抱く	不公正感を持つ	ひきこもり・ニート	就労	結婚	不登校	就活で混乱	就労不適応	視線恐怖	片づけられない
数	1	1	2	1	1	1	4	2	2	2	1	1	1	1
計	15								6					

記載数（複数カウント）

表11 適応を促進する特徴
⑧ 性格・長所・感情

内容	実直でミスなし／真面目	自分なりの趣味有	裏表なし	率直で優しい	言ったことを守る（守りすぎる）	知的に優秀・学習面問題なし	ペースが生かされれば長続きする	安心できる場所	結婚
数	2	1	1	1	1	2	1	1	2
計	12									

記載数（複数カウント）

ひきこもり・ニート・不登校など，社会適応の懸案が常習化する場合と，就労，結婚など一定の社会適応をしている場合もある。

　事例の記述のなかには，困難や障害ばかりではなく，その人なりの社会適応の試みや長所が記載されていた。実直でミスがない，率直で優しいなど，性格に関するものや知的に優秀，学習面では問題なしなど，知能や学力に関するもの，言ったことを守る（守りすぎる）など，社会性に関するものがある。

　以上のことをまとめると，図2のような不適応行動発生の経過が想定される。発達障害者は環境との関係により負の要因と保護的要因が働く（①）。障害特性から生じる行動は，負の要因が働くと，さまざまな不適応行動が生じ，それからさまざまな出来事をきっかけに，さらに深刻な二次障害が発生する（③）。しかし，負の要因の軽減と自分なりに編み出した適応行動を増やすことにより，生活の困難や生きにくさが減少し，より豊かな生活を送る可能性もあることが予想される（④）。負の要因に影響されて不適応行動を増大させることなく，自分なりの適応行動を増加させる方向に支援すること（⑥）が重要と思われる。

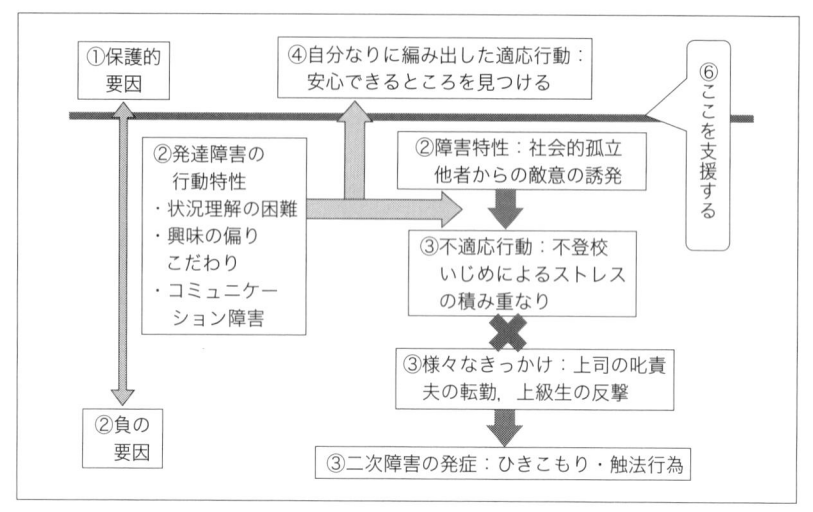

```
①保護的        ④自分なりに編み出した適応行動：      ⑥
  要因           安心できるところを見つける         こ
                                                   こ
        ②発達障害の      ②障害特性：社会的孤立      を
          行動特性         他者からの敵意の誘発      支
        ・状況理解の困難                             援
        ・興味の偏り    ③不適応行動：不登校          す
          こだわり        いじめによるストレス       る
        ・コミュニケー    の積み重なり
          ション障害
                        ③様々なきっかけ：上司の叱責
                          夫の転勤，上級生の反撃
②負の
  要因          ③二次障害の発症：ひきこもり・触法行為
```

図2　発達障害者の不適応行動発生の経過

III 社会的自立と就労に必要な力の養成

　発達障害者に社会的自立や就労支援に向けて必要な力を養成するためには，障害特性の理解に基づいた適切な支援が必要である。

　それは，さまざまな支援機関との連携とともに，発達障害者の社会コミュニケーションの基本の理解（A），障害の理解・自己認知（B），行動・感情コントロール（C）に関する支援が必要であると思われる。

1．コミュニケーションの基本の理解

　キャロル・グレイは，自閉症の子どもと定型発達の人々とのコミュニケーションの溝を埋めるためにソーシャル・ストーリーやコミック会話を

開発した（Gray & White, 1994）。グレイは，指導者が自閉症児者に社会的ルールを視覚的にわかりやすく教え，自閉症児者が社会的ルールの意味を理解し，確認する方法として，ソーシャル・ストーリーが有用であるとした。これは自閉症児者がその意味の理解が困難な社会状況や社会的ルールを文章化し，それを読み聞かせるものであり，文章は1人称か3人称で作成し，事実文，肯定文，指示文，解釈文などから構成される。書かれていないルール（Unwritten Rule）を理解することが困難な発達障害者に，これらの文章を使って，その場の状況の社会的背景，取るべき行動の意味，適切な行動を取ることの意義，それが与える社会的結果を，わかりやすく提示するのである。文章化にあたっては，自尊心を傷つけない文章を作り，本人がその状況をどう認識したかをも聞き取り，思いこみ，誤解を解き，取るべき行動を明示的に，正確に教える。

　以上のことにより，発達障害者は，自尊心を傷つけられることなく，必要な情報を得ることができ，適切な行動を取ることができるようになると思われる。

2．自己認知・障害認知支援

　自閉症を中心とする発達障害児者の自己認知と障害認知を助けるプログラムが，キャサリーン・フェハティ（Faherty, 2000）や服巻（2007）によって開発されている。自己認知と障害告知を結びつけたこのプログラムは，自己認知や障害といった抽象的概念理解が苦手で，社会的事態を誤解して受け取りがちな発達障害者の障害特性を十分に配慮して作成されている。

　このプログラムにはいくつかのステップがあり，（1）自分の個性，興味のあるもの，好きなものなどを母親，教師，友人と比較しながら明らかにしていく，（2）自分の長所，得意分野を知る，（3）自分の短所，苦手を知る，（4）苦手や困難と同時に，障害を知る，などが設定されている。発達障害者は自己認知が苦手とはいえ，なんらかの社会的困難やストレスを

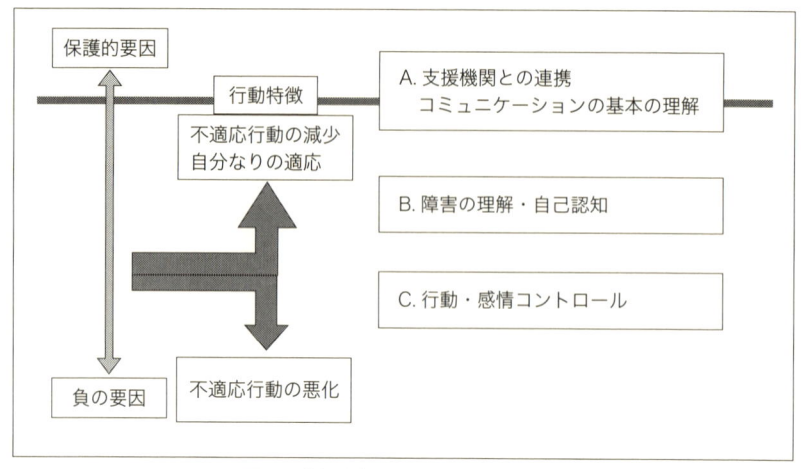

図3 事例分析から見えた支援の方向性

感じている。自己認知や障害理解が進むと，社会的困難やストレスの原因が自分の障害特性にも関係していること，自分の障害特性は必ずしも否定的側面だけでないことを理解し，積極的に障害を受容することができる。さらに，自己の長所に確信を持ち，自尊心や有用感が育つことで自己の弱点を克服するための努力を開始することもできるのである。

3．感情コントロールの力

事例分析のなかで，何度か出てくるエピソードとして，「いやな経験のフラッシュバック」や「不安感や抑うつ感」の存在がある。早期から適切な教育を受け，不必要なストレスや失敗経験，挫折経験を予防することができる発達障害者が増加したとしても，すべてのストレスを軽減し感情の不安定さを皆無にすることはできない。発達障害者は，特定の興味に熱中し非常に意欲的に課題に取り組むかと思うと，ほんのすこしの失敗や不完全性に極端に失望し感情的に落ち込むことがある。または，自分の決めたあ

るいは教えられた決まりを必要以上に律儀に守り，他者にもそれを要求し，そのことがもとでさまざまなトラブルに巻き込まれることも多い。Attwood（2008）は，自閉症を中心とする発達障害児者に対し，認知行動療法を基盤とした感情コントロール・ツールを開発した。

　The Cat Kit と命名されたこのツールは，CAT-オーガナイザー，めもり（温度計），関係性の輪，行動パレットなどを使って自分の感情状態・身体状態を視覚的に認識するものである。ツール・ボックスは自分の感情をコントロールする対処方法を取りまとめた自分のための処方箋である。

　発達障害者も定型発達の人々と同様に，環境との相互作用のなかから生じる困難から気分・感情や行動・身体反応が生じ，その関係を誤学習し，さまざまな有害な自動思考を生じさせる。

　これを修正し，正しく自分の感情状態・身体反応を知り，その対応の方法を学ぶことは，適切な社会関係を築き，意味のある生活を送るために極めて重要である。

IV　まとめ

　自閉症を中心とする発達障害青年・成人に関する最近の問題点を医療・福祉・就労・教育の分野から明らかにした。これらの現状を分析した文献に記載されている事例を整理するなかから，発達障害者が直面する困難の形成要因と形成過程を整理した。

　発達障害者の障害特性は適切な理解や支援が不足することによって，さまざまな生きにくさや困難を発生させる。このような事態を予防する目的で，適切なコミュニケーションの取り方，自己認知・障害理解のすすめ方，感情コントロールの方法を示したさまざまな支援ツールを紹介した。これらのツールを活用しその有効性を確認することが期待される。

文 献

Attwood T et al.(2008) The CAT-kit Cognitive Affective Training, Manual. Cat-kit.com ApS, Third Edition. Future Horizons, Inc.(服巻智子 監訳(2010) The CAT-kit 感情認識トレーニング 指導の手引. ASD ヴィレッジ出版.)

土岐淑子, 中島洋子(2009)高機能広汎性発達障害の就労支援. 児童青年精神医学とその近接領域 50-2 ; 122-132.

Faherty C(2000) What does it Mean to Me? Future Horizons, Inc.

服巻智子(2007)自分について. ASD ヴィレッジ出版.

Gray C & White AL(1994) My Social Stories Book. Jessica Kingsley Publishers.(服巻智子 監訳(2005)ソーシャル・ストーリー・ブック. クリエイツかもがわ.)

発達障害情報・支援センター(2005-2008) 発達障害者支援センター実績 年齢別(平成17-20年度). (http://www.rehab.go.jp/ddis/%E7%9B%B8%E8%AB%87%E7%AA%93%E5%8F%A3%E3%81%AE%E6%83%85%E5%A0%B1/%E7%99%BA%E9%81%94%E9%9A%9C%E5%AE%B3%E8%80%85%E6%94%AF%E6%8F%B4%E3%82%BB%E3%83%B3%E3%82%BF%E3%83%BC%E3%81%AB%E3%81%8A%E3%81%91%E3%82%8B%E6%94%AF%E6%8F%B4%E5%AE%9F%E7%B8%BE/ [2012年8月3日取得]).

板野光男, 田中由美子, 橋本和明(2009)就学における課題. In：橋本和明 編：発達障害と思春期・青年期―生きにくさへの理解と支援. 明石書店, pp.89-118.

衣笠隆幸(2010)重ね着症候群の診断と治療. 児童青年精神医学とその近接領域 51-3 ; 345-351.

望月葉子, 内藤孝子(2009)発達障害者の就労支援の課題に関する研究. 障害者職業総合センター調査研究報告書 No.88.

杉山登志郎(2009)成人の発達障害―発達障害と精神医学. そだちの科学 13 ; 2-13.

第5章

早期発見・早期治療により就労の可能性を確保する

横山　浩之（山形大学医学部看護学科）

I　軽度発達障害と長期予後

　平成元（1989）年代の前半に，筆者が診せていただいた軽度発達障害の子どもたちは，すでに成年期に達している。表1に，経過を調査し得た12症例の就職状況を示した。当時の筆者は，本章に掲載した治療介入の模索をはじめたばかりで，有効な治療的介入方法を知らず，教科書どおりの薬物療法や一般的な学習支援を，見よう見まねで行っていた。

　現在，経済的に自立できているのは半分弱である。社会参加できない症例がおおよそ半分を占める。Barkley（2002）が示している成績は，表1の結果に合致している。軽度発達障害の子どもよりも知的障害が重い，高等養護学校を卒業した子どもたちの就職率が90％を超えることを考えると，表1の就職率の悪さを，しっかり受け止める必要がある。

表1　長期観察例における軽度発達障害者の就労状況

診断名	HFPDD	AD/HD, LD
一般就労（正社員）	0	3
アルバイト等	0	2
福祉的就労（小規模作業所等）	1	1
非就労*	3**	2

HFPDD：高機能広汎性発達障害，AD/HD：注意欠陥多動性障害，LD：学習障害
＊　アルバイトをしても，雇用先から断られる状況である。
＊＊　うち2名が"ひきこもり"状態にある。

上述の12症例の経験からいえることは次の3点である。

（1）経済的な自立を果たしている症例は，小学校低学年で来院している（来院時年齢で，$p < 0.05$ の有意差あり）。
（2）経済的な自立を果たしている症例は，全例，当方が指示した毎日の課題（学習課題）を継続できているという記載がカルテにある。
（3）診断名によって，援助の重点が異なるらしい。

　高機能広汎性発達障害の症例では，学業成績（試験結果）は，経済的な自立を果たしたAD/HD，LDより良い場合も多い。しかし，学業成績が，経済的な自立と結びつかない。ある症例は，高校卒業後，就職先をあっせんされたものの，本人は「この仕事は自分に向いていない」と言い，就職先も「扱いきれない」として，わずか1週間で円満退社（？）してしまっている。
　私見では，就労に結びつく近道は，AD/HD，LDでは，小学4年生程度の基礎学力（読み・書き・算）の保証だ。一方，高機能広汎性発達障害（高機能自閉症，アスペルガー症候群）では生活力であって，学力は助けにならない。近年は，高機能広汎性発達障害の子どもたちに，特別支援学級，高等養護学校を積極的に利用して生活単元による就業指導を行い，就職率は抜群に向上している（後述）。

II　高機能広汎性発達障害の特徴と治療的介入

1．質的な障害を理解する

　筆者は高機能自閉症とアスペルガー症候群とを区別しない。治療的介入の手法が同じだからだ。治療的介入を考えるにあたって，最も大切な障害概念は「質的な障害」である。

質的な障害とは，DSM-IVやICD-10といった診断基準におけるqualitative impairmentの和訳である。精神遅滞（知的障害）と比較するとこの意味がわかりやすい。

　子どもの発達には「順序」がある。やさしい（下位の）課題を先に達成してから，難しい（上位の）課題を達成できる。正常な発達では，おすわりができない子が歩くことはないという，小児科医にはおなじみの「順序」である。

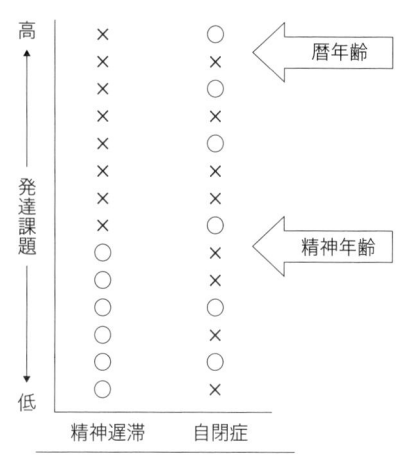

図1　質的な障害の概念図

遠城寺式乳幼児分析的発達検査表であっても，津守稲毛式発達検査表であっても，やさしい課題から○がついていく。すなわち，図1では下から○がついていく。

　精神遅滞では，発達課題を達成していく「順序」は正常な子どもと同じである。しかし暦年齢は精神年齢より遙かに上となる（図1左）。すなわち，精神遅滞とは「発達の遅れ」であり，発達の「量」の障害といえる。

　これに対して，広汎性発達障害に存在するのは「質」の障害である。すなわち，発達の仕方それ自体が障害されている。例えば，「目が合わない」症状は広汎性発達障害ではよくみられるが，この課題は正常発達では生後1カ月の子どもでも可能な下位の課題である（図1右）。やさしい課題から難しい課題へと発達していく「順序」は，自閉症では全く意味がない。「発達の歪み」と評するゆえんである。

　たとえば，「夕ごはんに何が食べたいの？」と保護者が，子どもに問いかけ，完全にオウム返しで「夕ごはんに何が食べたいの？」と返事を返して

いるなら，間違いなく質的な障害が存在する。なぜなら，この問いかけには「ハンバーグ」とか「カレーライス」のように単語文で正解が返せるにもかかわらず，三語文の「夕ごはんに何が食べたいの？」という返答を返しているからだ。単語文という簡単な（下位の）発達課題ができないにもかかわらず，三語文という難しい（上位の）発達課題ができているのは，明らかに，発達の原則に反している。ゆえに，質的な障害の存在が明確に存在すると言える。

　発達の順序性が障害された状況が，質的な障害である。そして，質的な障害の存在こそ，自閉症を特徴づけるものだと，私は教えられた[注]。

　さて，質的な障害が存在すると，教育の仕方は大きな影響を受ける。なぜなら，質的な障害の存在は，どのように発達していくかを予測できないことを意味するからだ。先に述べたように，質的な障害が存在すると，難しい（上位の）課題ができていても，易しい（下位の）課題ができることを保証できない。よって，通常学級における教育の前提である教育指導要領における教材・単元の順序は，質的な障害がある子どもにとっては必然性がない。すなわち，教育指導要領によっては，本当の意味での「学力（生きる力）」が形成されない。前項で示した筆者の失敗は，表面的な学力指導に終わってしまった結果と言える。

2．かつての失敗から学んだこと

　学力があっても就労が続かなかった症例は，その多くが早期に退職していた。本人側からすると，（1）仕事がつらいから，（2）仕事が自分の想像と異なっていたからといった理由である。一方，企業からすれば，本人

注）上記の内容は，私が研修医のころに，故白橋宏一郎先生（元国立仙台病院名誉院長，児童精神科学）にご教授いただいた。この場を借りて深謝申し上げます。

側の理由を理解できないことが多い。仕事が終わっていなくても定時で帰宅してしまう，社内ルールを守らない，助け合うことを知らない……といった具合である。

これらに対する対策は，十分に適性を確認することに尽きる。具体的には，

> 現場実習を長期間行えること

が必要十分な条件である。本人が希望していた職種であっても，実際にやってみなければ，うまくいくかどうかはわからない。本人の期待と実情とが全く異なり，数日で辞めてしまうことも少なくなかったからだ。

現場実習を長期間行える機会はなかなか得られない。職業高校であっても，長期間の現場実習という点では，不十分であった。だから，高等特別支援学校を初めとした各種の特別支援の仕組みも積極的に利用させている。

考えてみれば，筆者が子どものころには，中学校卒業後に，大工や理容師，美容師，調理師などを目指して，住み込みの丁稚奉公に出た同級生が少なからずいた。現在ではこのような機会がほとんどないが，「現場実習を長期間に行えること」とは，住み込みの丁稚奉公をイメージするとわかりやすい。実際，保護者のつてを通じて各種の職人として長期就労できている事例を，筆者は経験している（コラム参照102ページ）。

また，筆者が保護者にお願いしているのは，「本人の好きな仕事ではなく，本人に似合う仕事を探す」ことである。どうしても，保護者は本人の好きなことや興味が向くことに目が行く。ところが，このような形での保護者の希望は，どちらかというと"希望的観測"にすぎない。例えば，本人の希望に添った仕事内容で，会社がたくさんの支援をしてくれて，しかも一般就労を望むといった具合である。就労リハビリテーションの専門家や，高等学校で就労指導をしている担当教諭からすると，"**あまりに虫が良すぎる**"内容でしかない。だから，すこしずつ現実とのすりあわせを行っている。

3．質的な障害と現場実習

　教育目標分類学（taxonomy）では，教育目標を認知領域（知識），情意領域（態度・習慣），精神運動領域（技能）の3領域に分ける。広汎性発達障害では，もともと認知の偏りやコミュニケーションや対人関係が苦手であることを考えると，認知領域や情意領域で，本人が能力を拡充していくのは困難である。むしろ，精神運動領域を伸ばすほうが得策と言える（コラム参照102ページ）。

　初めての場所，初めての体験が苦手な広汎性発達障害がある子どもたちにとって，初めての現場実習であってもうまくいかせるには「生活力」を鍛えておく必要がある。

　以下に示す「生活力」を育てる指導を中心とし，学力指導は"クラブ活動"的な扱いとした。すなわち，本章で示した指導方針である。

　生活力重視と学力重視との方針で育てられた子どもが，1年以上就労できたかどうかを症例を積み重ねた結果は表2の通りである。

　表2でいう就労継続とは，一般就労および福祉的就労を含んでいる。小規模作業所（お給料がある）は福祉的就労に含めているが，更生施設（お給料がない）は就労に入れていない。生活力重視で就労継続できなかった3例は，全員更生施設での就労である。社会参加できているという点では，かつての就労継続ができなかった状況より，はるかに満ち足りた生活をしていると言えよう。

　筆者が試みている療育方針の概略を以下に示すので，ご批正いただきたい。

表2　高機能広汎性発達障害の療育方針と就労予後

療育方針	学力重視	生活力重視
就労継続できた	1	16
就労継続できなかった	12	3

p＝0.0002（χ^2検定）

1）生活習慣の改善を目指す

　軽度発達障害がある子どもは，障害の種類を問わず，生活習慣の確立が不十分であることが極めて多い。生活習慣が未確立であることに保護者は気がついていないことも多い。早寝早起きは最優先事項である。早起きの目安は，「登園・登校時刻の3時間前」か，「午前6時」の遅いほうである。早寝の目安は，小学生なら「午後8時台」である。近年，幼稚園児で「午後9時過ぎに寝る」でも，早寝させていると答える保護者が増えている。要注意だ。

　幼児期では「早寝・早起き」はさらに重要さを増す。なぜなら，子どもが服を着たり，食事を摂ったりといった衣食住に関する基本的な習慣を習得させる時間を保証しなければならないからだ。

　幼稚園・保育園にて自分で服を着替えられない子どものほとんどを，保護者は，自分でやれると評価している。実際，外来でやらせてみると，患児は自分でできず，保護者がすぐに手を出してしまうのがよくわかる。なお，保護者が努力しても早寝早起きができない場合，睡眠障害として薬物療法を考慮する必要がある。

　朝ご飯の重要性についてもいうまでもあるまい。医学部生を対象とした調査でさえ，朝食摂取者のほうが，学業成績，成績順位が良く，年間欠席時限数も少ない。

2）幼児期に，共同注視を確実に教える

　共同注視とは，相手の視線の先に自分の視線を向ける能力だ（図2）。この能力を教育目標分類学でいう自動化まで教え込む。自動化とは，考えなくても行動できるレベルであり，体に染みついているレベルを要求している。手法は何でもよいが，海野健氏が作成した「ママがする自閉症児の家庭療育（HACプログラム）」を用いることが多い。母親が訓練できるのが何よりの利点である。この能力の獲得には数年かかることが多い。

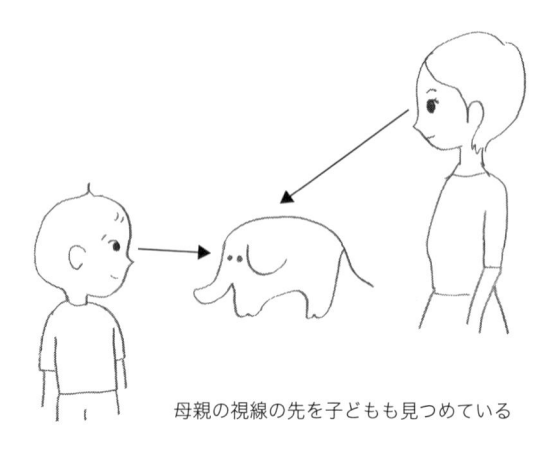

母親の視線の先を子どもも見つめている

図2　共同注視

3）小学校1年生では，学校でのルールを習得させる

　小学校1年生では学校のルールを守れることを定着させたい。定着なので「守れて当然」が目標である。「言われてできる」ではない。教育目標分類学でいう情意領域で反応，精神運動領域でコントロールのレベルである。ここでいうルールとは，給食や掃除，日直といった係活動も含んでいる。

　通知票では，行動の様子が"大変良い""良い""がんばろう"の3段階評価で示されることが多い。この場合なら"大変良い"と"良い"が半々程度が目標になる。近年の通信票では絶対評価で記載されるので，"大変良い"が上位40％程度，"良い"がそれに次ぐ50％程度で，"がんばろう"は10％に満たない。すなわち，"大変良い"と"良い"が半々程度というのは，クラスのなかで平均的なレベルであることを意味している。すべてが中位の"良い"であれば，行動面ではクラスのなかで下位を意味している。

　ちなみに，上記の目標は，共同注視を確実に教えられた子どもなら容易である。なぜなら，上述のHACプログラムを行っている子どもでは，身

辺自立・生活習慣の確立が終わり，簡単なお手伝いの導入がはじまっているからだ。

4）小学校2年生は，何でもチャレンジさせる

　先に述べたように，小学1年生では学校でのルールの定着に明け暮れる。よって，さまざまなチャレンジを行うのは2年生だ。本人の希望に従って，いろいろなチャレンジをさせている。このチャレンジとして，将来の余暇活動として，何がよいかを試行錯誤させている。言葉を換えていうと，趣味を見つけさせることだ。

　この時期には，HACプログラムを既にマスター済みだ。余裕があれば，簡単なお手伝いを毎日（トータルで）15分以上するようにお願いしている。

　また，（広い意味での）みだしなみに気をつけるよう，留意させ始める。広汎性発達障害の子どもたちに，"恥ずかしい"という気持ちを自然に覚えていくのを期待するのは酷だ。だから，何がかっこよくて，何がかっこわるいのかを，生活のなかで，具体的に教えていく。ハンカチがないから，手を服でふけば，かっこわるい。だから，ハンカチを忘れないように……といった具合である。生活習慣指導の一環として教えていく。

　みだしなみの指導は，女児で，特に大切である。生理がきてから教え始めるのでは遅い。発達障害の有無にかかわらず，定着するには時間がかかるからだ。生活習慣に関連することは，特に定着するのに時間がかかる。我々が，"三日坊主"ということばで戒められるように。

　また，この時期には保護者に，イギリス自閉症協会が提唱するSPELLの法則についても勉強してもらう。筆者自身はペアレントトレーニングと称して，子どもの行動を保護者に記載させ，その記載のなかから，子どもが何を認知できないかを理解させ（ここで，SPELLの原則を使う），保護者が対応を自分の力で見つけ出せるように指導している。

5）小学校3年生から，お手伝いを本格化させる

　30分かかるお手伝いを自発的にできることを小学校6年生までかかって教える。30分かかるお手伝いの内容は何でも良いが，毎日ほぼ同じ内容を行えることが必要条件である。例えば，夕ご飯の片付けである。汚れた食器を台所に運び，お膳をふき，食器を洗い，ふいて，食器戸棚に片付け，ふきんを洗い，台所をきれいに片付け，「終わりました」と母親に報告するといった内容である。

　この目標達成には3年程度かかるが，習得できた子どもは，ほぼ間違いなく，就労（ジョブコーチの助けを借りた福祉的就労も含めて）に結びつく。

　また，小学校3年生ごろから，家庭と学校との分業をお願いしている。家庭では生活の仕組みを責任を持って教える。そして，「学校のことは学校に任せる」習慣を保護者につける。保護者が口を挟みすぎると，本人の主

コラム　漆器職人として就労したAくん

　Aくんは，幼児期では昆虫博士で，いも虫やムカデでポケットをいっぱいにして喜んでいた。小学校でも同様の行動が続き，止めさせようとすると大騒ぎをした。周りがさわいでいるのも"喜んでいる"と考えていたらしい。近医にて，高機能自閉症と診断されたが保護者が納得せず，小学3年生時に東北大学病院に来院した。

　診断は前医と同じであった。保護者から将来への不安の声が聞かれ，「生活力を鍛える」方針について説明し，長期間にわたる現場実習が必要であることを説明した。父親は漆塗りの職人で，「俺はこいつほどひどくないが人嫌いで，人と関わらなくていい職人への道を進んだ。俺がこいつを鍛える」と明言した。学校での適応状態は必ずしも芳しくなかったが，父親が長期休みや休日に患児を職場に連れて行き手伝いをさせた。当初，患児はいやがっていたが次第に慣れていった。中学校から不登校傾向が強まり，通信制高校に進学した。高校での適応もあまりよくなかったが，職人としての修行は進んでおり，高校時代にコンクールで入賞する腕前に至った。受賞報告に来た彼の笑みを忘れられない。

体的な行動が損なわれる。

　また，可能であれば，小学校高学年以降に，本人への障害告知を行うが，これについては拙著『新版 軽度発達障害の臨床』（横山，2011，pp.179-181）を参照されたい。

6）中学校以降は，本人の主体性を重視する
　保護者に子離れさせる指導が大切になる。子どものトラブルを自分で解決させる……すなわち，保護者には「待つこと」を指導することが多い。
　なお，この時期になると気分障害の合併がみられる症例も多い。これらについては適切な薬物療法を行う。

　以上の指導を保護者や学校と医療機関が行い得れば，表2に示した結果が得られる。
　なお，筆者が言う広汎性発達障害とは，戦略的診断に基づく診断名である。某講習会で，筆者のもとで学ぶ医師がアスペルガー症候群と診断されたが，彼はこれまで特別な支援を必要としたことはない。よって，この診断は意味がないというのが戦略的診断である。Microsoft社を起こしたBill Gates氏もアスペルガー症候群だという論調があるが，筆者にいわせればナンセンスだ。繰り返すが，支援がいらない人に診断をつける意味はない。

III　注意欠陥多動性障害（AD/HD）および学習障害（LD）への治療的介入

1．治療目標

　これらの障害では，**学力**が就労成績に影響する。また，行動障害（反抗挑戦性障害や行為障害）や気分障害などの**併存障害の進展を防ぐ**ことも大切だ。
　筆者は小学校4年生相当の「読み・書き・算」の習得を目標に設定している。これは，一般的な保護者が日常生活で保持できている能力に等しい。

小学校高学年の「読み・書き」の能力が完璧なら，敬語を完璧に使いこなせることを意味する。こんな大人はめったにいない。「算」でも，鶴亀算を立式して解答できる大人もあまりいない。

　ちなみに，初等少年院へ送られた子どもの大半は，大体学力が小学校3年生のレベルに達していないという。審判の場で九九を言わせると，途中までしか覚えていない。4 × 8 = 32 は言えるが，その逆は言えない。漢字は，自分の名前が書ける程度なそうだ。そして，小学校3年生の学習がわからないままで放置されると，一部の子どもたちは非行に走り，そのまた一部は刑務所まで至るという「客観的因果関係」が見えてくるという。このことは，筆者のいう「小学校4年生相当を目標」が妥当であることを示している。

2．学習指導の前に

　本稿「II 3. 質的な障害と現場実習」の「(1) 生活習慣の改善を目指す」（99ページ）は，AD/HD，LDでも必須である。これに加えて，筆者は「お手伝いを毎日15分」を必ずさせている。

　保護者に「お手伝いは何歳からできる？」と聞くと，ほとんどの方が不正解である。正解は1歳4か月である。もちろん，1歳4か月の子どもにできるお手伝いは単純な作業ばかりである。このような単純作業をいやがらずに，進んでやれる能力は，学童期における学習の「ていねいさ」につながる。きわめて大切である。

> お手伝いができない子どもは，学力が身につかない。

　このように書くと，「えっ？」と答える保護者が多い。しかしながら，私の偽らざる実感として，お手伝いができない子どもは，小学校高学年になると成績が急降下する。発達障害があろうが，あるまいが，結論は同じで

ある。

「段取りがとれない子どもは学力が低い」と言えば，誰もが納得することだろう。お手伝いができない子どもの学力がつかない理由は，まさにこれだ。お手伝いとは家事を学習することだ。「段取りが悪い家事」ではどれほど効率が悪いかは，誰もがすぐに理解できる。お手伝いをして家事を学ぶことは，段取りを学ぶ家庭学習だ。

小学校4年生で，「読み・書き・算」のうち，「読み・書き」が大きなハードルとして立ちはだかる。小学校の国語指導要領では，小学4年生の教材から三段論法がわからないとテーマを把握できない教材が増える。(ちなみに，ゆとり教育より前では，このような教材が小学校3年生の3学期から扱われていた)。よって，「お手伝い」ができない子どもは，小学校4年生の「読み・書き」あたりからつまずき始め，5年生で完全につまずく。

発達障害がある子どもの保護者に，「お手伝いができない」ことを指摘すると怒り出す保護者も多い。「学習方法の相談をしているのに，なぜお手伝いなのか？」と。上述のことをお話しすると，顔を赤らめる保護者も多い。同じことは，注意欠陥の症状が目立ち続ける子どもにも言える。

3．指導に当たっての心構え

子どもへの対処を考えるうえで，ペアレントトレーニング（PT）は，ファーストラインに来る心理療法である。

子どもの行動を次のように分ける。

・増やしたい行動
・減らしたい行動
・絶対に許せない行動

増やしたい行動に対して，着実にほめる。絶対に許せない行動に対して

は，すぐに止める。大切なのは，減らしたい行動に対して，"相手をしない"ことである。

子どもにとって，誰かが相手をしてくれることは，楽しいことであり，うれしいことである。だから，精神的に幼い子どもは，減らしたい行動をして，言い諭されたり，叱られたりして，相手をしてもらえれば，それが良いことだと勘違いしてしまう。好きな子いじめと同じだと思えば，わかりやすい。

しかし，実際には，子どもが減らしたい行動をとると保護者が【叱って指導】を繰り返すことが多い。また，子どもの年齢が上がると，【叱られて終わり】と【じぶんの作業量】とを天秤にかけて，【叱られて終わり】を選択する子どもさえいる。

学習指導を行ううえでも，この考え方は必須である。なかなか自主的に勉強をしない子どもには，できないのではなくて，自分でやらずに教えてもらったほうが楽だと考えている子どもが多いことに留意したい。

教育のレディネスを考えればわかるように，易しいこと，自分でできることを数多く行わせるほうが，伸びは早いのである（コラム参照107ページ）。

4．学習指導の実際

筆者が行っている学習指導の実際は，拙著『診察室でする治療・教育―軽度発達障害に医師が使うスキル』（明治図書，2008）を参照されたい。この著書に示した学習指導は，幼児期には毎日30分の生活指導（絵本の読み聞かせ，お手伝い），小学校入学前の1～2年に毎日5分のフィンガーカラーリング，そして小学校の時期には学年×10分程度の課題を行うだけだ。学校での勉強と宿題，そして筆者からの課題を確実に行い得れば，IQ＞85程度なら保護者のみの努力で，IQ＞75なら学校と保護者の協力で，小学校4年生の「読み・書き・算」を小学校6年までに保証できる。もちろん

コラム　教育のレディネス

　ゲゼル（Gesell AL）は，40年にわたり乳幼児の発達を観察し，乳幼児の発達には個人差はあるが，その順序には個人差がなく，普遍的であることを見出した。そして，成熟によって，何らかの機能が可能となる状態をレディネスと呼んだ。すなわち，レディネスとは，ある学習課題を修得するために必要な，学習者側の特定の発達条件をいう。

　ゲゼルの指摘によれば，レディネスが形成される前の学習・教育は効率的でないばかりか，無益であったり，有害であったりするという。
ゲゼルの指摘は，特定の領域だけに限れば（たとえば，言語理解，言語表出など），学習課題の習得は，低いほうから高いほうへと順番を示すことができることを示している。そして，図3に示すように，やらせるべきところはCである。保護者のみならず，保育士・教師も，Bのように，まだできていないことを習得するように要求しがちである。

　たとえば，1年生（図3でD）や2年生（C）の算数はできるが，3年生（B）でつまずいた場合，効率よく学習させるには，誰もが，2年生（C）に戻って学習するだろう。

　実際には，保護者は親の欲目で子どもの能力を過大評価しがちで，かつ早く能力をつけさせたいとあせることを，周囲はよく知っておく必要がある。
早すぎも遅すぎもしない適切な時期に指導がなされる場合に，最も効果的，能率的に学習がなされる。このことが，本当の意味での，「ゆとり」のある教育であると考える。

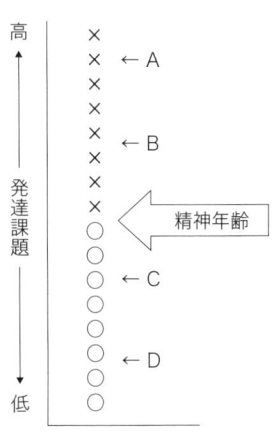

○：成功課題，×：失敗課題

図3　発達課題と指導方針

開始年齢が遅れればその限りではないし，途中を省略すれば学力を保証できない。

理想的には小学校入学2年前から準備できるとよい。できれば小学校1年生の夏休みには開始したい。条件がよければ，小学校3年でもなんとか間に合う。しかし，小学校4年以降で学力不振が目立ってから来院しても学力的な保証はむずかしい。早期発見，早期治療こそが望まれる。

ちなみに，小学校4年生相当の学力獲得が難しい場合には，就労指導を積極的に行う。特別支援学級や高等特別支援学校の利用も視野に入れて，指導を行っている。

文　献

Barkley RA (2002) International consensus statement on ADHD. Clinical Child and Family Psychology Review 5 ; 89-111.

横山浩之 (2011) 新版 軽度発達障害の臨床．診断と治療社, pp.179-181.

第6章

発達障害と問題行動

辻　惠介（武蔵野大学）

I　はじめに

1．知能の低さと問題行動

　ひと昔前は，子どもや青年の問題行動の心理的側面を読み解く際には，昔ながらの不良少年の行動特徴を整理したような行為障害概念がよく持ち出されたものであるが，今日では発達障害に着目されることが多い。非行少年の主流が，暴走族や暴力団の周辺にいるようないわゆる不良少年から，対人関係に問題を抱えて社会的にひきこもっている少年へと移行したことを踏まえれば（藤川, 2008），これも当然かもしれない。いったい，発達障害と問題行動はどのような関連を持つのであろうか。

　本稿ではまず，発達障害者の問題行動を考えるには，精神遅滞者の問題行動について理解しておく必要があることを指摘したい。問題行動を起こす発達障害者の中核群は，境界知能や軽度精神遅滞であり，知能が高く進学校に通っているアスペルガー症候群の少年などは，むしろ例外的である。必ずしも精神遅滞者が問題行動に走りやすい訳ではないし，精神遅滞者（そして発達障害者）が危険であるという図式を示すつもりもないが，非行少年や犯罪者のなかに高率に精神遅滞者が認められることから目を背けるべきではない（法務省法務総合研究所, 2011）。知能が低ければ適応能力も低くなり，葛藤状況に陥りやすく，その分，逸脱行為が目立ったとしても不思

議ではない。

　ただし，大概の非行や犯罪は，被害者との対人的な関わりのなかで生起し，それなりに複雑な行動が求められるので，非行や犯罪に走るには一定の知能が必要である。知能が極めて低ければ，非行や犯罪を起こすことも難しい。もともと，精神遅滞は，重くなるほど発生頻度が低くなるので，施設での処遇困難例はいざ知らず，非行少年や犯罪者のなかに，重度以上の精神遅滞者は見出しにくい。

　知能にはさまざまな側面があり，浅慮さや衝動性，短絡性なども知能の低さの特徴である（Sadock & Sadock, 2003）。後先考えず，自分の行為の影響を慮ることもなく，利那的な欲望に従い，欲しいものを盗んだり奪ったり，気に食わない相手を殴ったり，欲情して犯したり，怒りのままに放火したりすることも，知能の低さの表れかもしれない。知能が低い者の性格を詳しく理解するためには，彼らの知能の低さを無視することはできない（Schneider, 1962）。

　知能が低ければ，抽象的な事柄を理解しにくくなるが，ものごとの善悪という概念は，極めて抽象的である。身も蓋もないが，知能が低い非行少年や犯罪者に，抽象的な善悪を説いても，概して効果は乏しい。子どもが悪さをしたときに，われわれは「世の中にはよいことと悪いことがあってね」と諭すかもしれないが，これは彼らが善悪を学ばなければならないから，つまりいまだ善悪の判断基準を身につけていないからに他ならない。そして，子どもが自らを律するのは，抽象的な善悪を考えるからではなく，親なり先生なりに叱られるのが怖いからである。悪いことをした子どもに対し，われわれは道理を説くとともに，怖い大人として振る舞い，彼らのなかに超自我が形成されていくことを目指す。

　ところで，知能の程度を精神年齢で表せば，中等度精神遅滞は6〜9歳程度，軽度精神遅滞は9〜11歳程度である（米山・辻, 2010）。したがって，じつは，精神遅滞者が非行なり犯罪なりに走った場合，抽象的な善悪を説くよりも，悪いことをすれば罰せられると学習させるほうが，再犯防

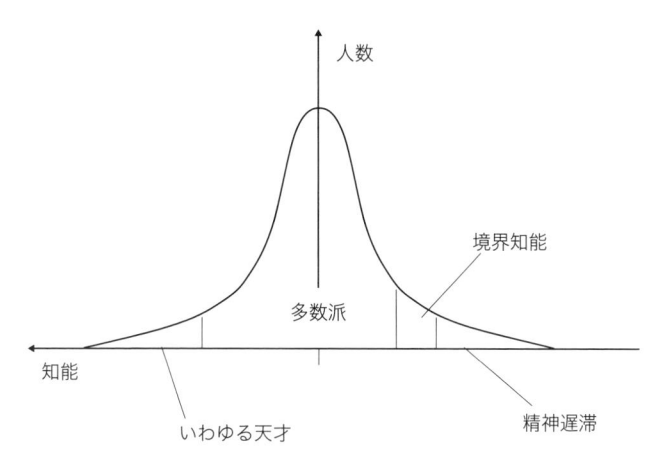

	IQ	出現頻度	慣用表現	刑事責任能力	成年後見制度	精神年齢
境界知能	70〜85			完全責任能力		
軽度精神遅滞	50〜69	約85%	軽愚		補助	9〜12歳
中等度精神遅滞	35〜49	十数%	痴愚	心神耗弱	保佐	6〜9歳
重度精神遅滞	20〜34	数%	白痴	心神喪失	後見	3〜6歳
最重度精神遅滞	〜19					0〜3歳

上図のように知能は正規分布する。下表では，精神遅滞の重症度と，知能指数（IQ），罪を犯した際の刑事責任能力や成年後見制度を適用する際の目安，精神年齢などを整理した。正規分布に当て嵌めて平均からの隔たりとして捉える見方は，精神遅滞のみならず発達障害全般に通用する。きわめて大まかな議論になるが，知能の代わりに，他人の気持ちに気づいたり周囲の雰囲気を読んだりする能力を取り上げれば，上図の右端はアスペルガー症候群から自閉症へと続く自閉症スペクトラム障害を表すことになるし，注意力や落ち着いていられる能力に注目すれば，ADHDを説明することができる。

図1　正規分布する知能

止にはよほど効果がある。彼らに対し，被疑者（被告人）の人権を説く際には，「自分は罰せられるようなことはしていないのだ」という誤った認識を植えつけないよう注意する必要がある。また，抽象的な善悪が理解しがたくても，悪いことをすれば叱られ罰せられるということは理解しやすいので，彼らはやってよいことと悪いことを区別できない訳ではない。刑罰を減免する必要があるのは，かなり知能が低い場合に限られる。参考まで

に知能の低さと刑事責任能力の関係を図に挙げる。およそ，一応の社会生活を送ることができる程度の知能があれば，ごく一部の例外的な事例を除いては，刑事責任能力を減免する必要はないと言っても過言ではないのである。

　われわれはまた，悪さをした子どもに対し，「やられた人の身になってみなさい」と叱る。しかし，わが身を他人の立場に置いてものごとを考えることも，非常に抽象的な作業である。善悪を学ばせるのと同じように，他人にも魂があること —— 他者にも主体があることと言ってもよい —— を胸に刻み込ませることも非常に大切であるが，非行少年や犯罪者の知能に問題がある場合には，他人もいろいろな感情を抱き，それぞれの思惑に従って行動しているということは，理解させがたいかもしれない。他人に共感できることも，その人の能力の内なのである。

2．発達障害と問題行動の現状

　発達障害のなかでも，不注意さや多動性，衝動性などが特徴的に際立っていれば，ADHDと診断される。ADHDの患者の問題行動は，浅慮さや多動性，衝動性などが前景に出ている点で，精神遅滞者の問題行動と重なるところが大きい。ADHDの場合には，それなりに善悪もわかっており，じっくり考えれば被害者の心情も理解できるのに，衝動的に問題を起こしてしまう。何度も同じような問題行動を繰り返し，どうやったら再犯を防止できるか悩まされるが，ADHDの問題行動はさほど奇異な印象を与えないようで，近年は，アスペルガー症候群に比して論考も少なめである。

　今日，発達障害と問題行動という主題でわれわれが想起するのは，アスペルガー症候群に代表される広汎性発達障害と問題行動の関係であろう。広汎性発達障害の患者の問題行動は，一見すると奇異に感じられるものが少なくない。しかし，じつは，問題行動にこそ，彼らの精神病理が色濃く表れていることが多い。以下に，問題行動に至ってしまった広汎性発達障

害の患者の精神鑑定事例を見ながら，彼らの抱える問題点を探ってみたい。
　なお，各事例の診断は筆者が下したものである。

II　一見奇妙な事件の背景に存在する発達障害

1．事例A（16歳男性：自閉症・中等度精神遅滞）
　Aは，父母と母方祖母，母方曾祖母の5人暮らしであった。父母はともに統合失調症と診断されていて職業的適応も悪いが，幻覚や妄想などの精神病症状は見られず，社会的なひきこもりが前景に立っており，診断を下されぬまま成人した広汎性発達障害の患者である疑いも強い。曾祖母はすでに90歳と高齢で認知症が始まっており，67歳の祖母が飲食店を経営して一家の生計を立てていた。Aは，幼少時から複数の医療機関で自閉症の診断を受けており，集団行動や他児との交流が苦手で，独語が見られ，こだわりが強く，同じ単語を繰り返し口にし，他人の動作の模倣が苦手で，時に恐慌を起こすなど，自閉症らしい特徴が多々認められるが，慣れている相手とは意思疎通でき，ある程度細かい手作業が可能で，それなりに家事もこなせるので，自閉症の程度はさほど重くないと言えよう。自閉症に加えて精神遅滞の診断も受けているが，小学校低学年で習う漢字の読み書きはでき，アルファベットを解し，掛け算や割り算も可能であり，重度の精神遅滞とは見なせない。療育手帳の分類は，中等度精神遅滞に相当するB1で，養護学校の高等部に通学していた。
　ある日の夕方，Aは，学校から帰宅して父と2人で居間で寛いでいたときに，突然立ち上がって台所に行き，文化包丁を持ち出して曾祖母の部屋に走り込み，曾祖母の後頭部に切りつけて長さ約10cmの切創を負わせた。通報で警察官が駆けつけると，Aは「包丁で怪我させちゃった」と述べて素直に逮捕され，犯行時の状況を正確に語った。Aは犯行動機として，曾祖母がお茶だと言ってお湯を出したことや，そのお湯が熱かったことを挙

げたが，犯行当日に曾祖母がAにお湯を飲ませた事実はなく，数日前の出来事であると考えられたし，火傷をするほどの熱湯を出した訳でもなかった。

　精神鑑定での面接時に，Aは「人を切るのは，悪いこと」と言い，曾祖母が熱い湯を出したのは「間違えた」からであって曾祖母に悪意はないことも理解していた。曾祖母に会ったら「ごごご，ごめんなさいって言う」と語り，反省の念も表した。しかし，鸚鵡返し的な発語が多く，談話の主語も混乱し，いかにも自閉症的であった。過去の出来事を思い出して急に声を挙げて笑ったり，前日の面会時に祖母が泣いたことを「おばあちゃんが泣いてた，今日」と述べたり，犯行時に包丁があった場所を尋ねられているのに，「もう，遠くにある」と答えたりして，過去と現在とが渾然一体となっており，時間の経過の持つ意味がわれわれと異なることを窺わせた。

　なお，この事件を契機に，曾祖母は施設に入所し，Aの家族に対しては地域の福祉担当者が積極的に関わることになった。

2．解説

　喉を火傷するほどの熱湯を出された訳でもないのに，包丁で切りつけてしまったところに，広汎性発達障害の患者にありがちな知覚の過敏さを見出すことも可能であるが，より重要なのは，何日も前の出来事が，つい先程のことのように認識されていることである。熱い湯を出されて痛い思いをしたといっても，犯行前のAが執念深く曾祖母への復讐の機会を狙っていた様子はない。それだからこそ，われわれは本件犯行から唐突な印象を受けるのであるが，ここで留意しなければならないのは，彼らとわれわれとの時間に対する感覚の違いである。

　われわれにとって，時間は過去から未来へと流れていくものであり，ものごとの因果関係は整然としていて，過去の出来事はあたかも年表のように整理されている。われわれはそれを当然のこととして捉え，自分以外の

者もこのような時間の流れのなかで暮らしていると考えているが，果たしてそうであろうか。

　アメリカのウィルス学者がパプア・ニューギニアで原住民に教えたロシア民謡が，数年後には少し離れた地域の原住民の若者に「先祖から受け継がれた古い歌」として歌われていたり，プロテスタントの宣教師や人類学者（あるいはイスラム商人）がアフリカの奥地で伝えた天文学的な知識が，いつの間にか現地の賢者が語る神話に組み込まれていて，われわれに超古代文明や宇宙文明への好奇心を掻き立てたりするように（Sagan, 1979），近代の合理主義的な世界観の下にいない者にとって，時の流れは渾沌のなかにあり，古い出来事も比較的新しい出来事も時系列的には整理されていない。幼いころ身近にいた人物が唐突に表れる夢の世界，ひいては無意識の世界と同じような時間が支配している。彼らにとっては，部族の創生に関わる神話も，隣村の住人に教わった歌も，宣教師や人類学者から聞いた知識も，等しく伝え聞いた知識としてない交ぜになり，区別されていない。

　Ａもまた，こうした時間を生きており，彼にとって，過去の出来事は時系列的に並べられておらず，印象の強いものほど手近に置かれているのであろう。これは別に，未開の地域の原住民と精神遅滞者を同列に扱う進歩史観的な立場を支持している訳ではない。先進社会で暮らし一定以上の知能を有しているわれわれのものの捉え方——ここでは時間に対する感覚——が普遍的ではないことを指摘しているだけである。こう考えれば，幾日も過ぎた後に，熱い湯を飲まされたことに反応したとしても，何ら不思議ではない。ときおり，アスペルガー症候群の患者が，子どものころいじめられたなどの理由で，何年も会っていない友人を攻撃して世間を驚かせることがあるが，そうした事件も，広汎性発達障害の患者の時間感覚に目を向ければ，なるほどと頷けるものになる。無論，このような時間感覚は広汎性発達障害のみの特徴ではなく，精神遅滞者も同様な世界に生きているのであろうが，知能が低ければ記憶力に障害があることが多く，過去の出来事への唐突な反応が表面化することは少なくなる

III　問題行動に表れる発達障害の病理

1．事例B（32歳男性：軽度のアスペルガー症候群）

　Bは，過保護な父母に甘やかされて成育した。地元の進学校を経て国立大学の工学部に進んだが，4年進級時に必要単位数を間違え，1年間留年した。大学院を受験し合格したが，入学手続きに不備があり入学できなかった。このときは，入学式当日に自分の席がないことで，初めて手続きの失敗に気づいたという。公務員試験受験の予備校に通い，市役所職員や国公Ⅱ種などの採用試験を受けたが，いずれも2次試験で不合格になった。翌年大学院を受け直して入学し，修士課程修了後は指導教員の紹介で大手電子会社に入社したが，1年間ほどで退職した。その後，大手化学会社などに再就職したが，いずれも長く続かなかった。研究者肌の内向的な性格で，職場のストレスから抑うつ気分や不眠に陥ったことも頻回の転職の原因のひとつであった。また，駅の改札で乗り越し料金を支払わずに窃盗犯あつかいされそうになったり，一時停止違反や駐車違反などの交通違反をたびたび繰り返したりしたこともあった。32歳のある日，金欲しさと，チャージ機の仕組みを見たいという動機で，会社の食堂からEdyチャージ機を盗み出して自宅で分解し，これを機に空巣を繰り返すようになった。

　逮捕のきっかけになった事件は，アパート1階の部屋に，傍に停めてあった自動車を足場にして高窓から忍び込もうとし，高窓のガラスを金切りばさみで叩き割ったものの，留守宅だと思った部屋に住人がいて，大声を出されたために逃げ出したものであった。自動車を疵つけないようにと靴を脱いで自動車に乗っていたため，靴を残して裸足で逃げることになり，裸足で徘徊していて警察官に見咎められ，文字通り足がついて逮捕された。当然ながら会社は解雇され，その後の再就職は困難になった。

2．解説

　近年，企業や大学などで，Bのような高学歴のアスペルガー症候群の患者が事例化することが増えている。周囲から与えられた諸注意が頭に入らず失敗を繰り返したり，筆記試験で相応の成績を収めながら面接試験を通過することができなかったりするのも彼らの特徴である。穿った見方をすれば，相手の気持ちを考えずに軋轢を生み，いつしか周囲から敬遠されるようになっていて，初回の大学院合格後にきちんと入学手続きをとれなかったときには，大学関係者がこれ幸いと手続きの不備を指摘せずにいたのではないかとも思えてくる。指導教員の紹介で入社した大手企業を1年間で辞めてしまったり，社会通念を逸脱した振る舞いをして無用な問題を引き起こしたりしたことも，雰囲気が読めないことの表れであろう。Edyチャージ機の仕組みが見たいから盗み出して分解したという発想も，よく言えば向学心旺盛で素直で天真爛漫ということになろうが，場違いで自分本位でもあって，アスペルガー症候群の患者には，この手の逸脱行為で失敗するものも少なくない。

　彼らは雰囲気が読めず，相手の気持ちに疎く，極端な言い方をすれば，自分以外の人間も，それぞれその人なりの思惑を持って生きていることを見失いがちである。上手くすれば，「天然」とか「天才と気狂いは紙一重」などと表現されて，周囲に微笑ましく思われるかもしれないが，Bの場合は残念ながらそうならなかった。この特徴は，既婚者の場合には，DV（ドメスティック・ヴァイオレンス）の萌芽になることもある。対他配慮性の高い伴侶が気遣ってくれて，自分に都合のよい提案をしてくれているのに，その配慮に気づかず，相手の希望を叶えているつもりで「君がそう言うなら」と応じ，結果的には自分の我意を通してしまう場合などがそれである（辻，2008）。

　本件犯行は，空巣に入ろうとする者が，見ず知らずの他人が所有する自動車を疵つけないよう配慮するところに，何とも言えぬ場違いさや一抹の可笑しさが漂っているが，当然ながら，妙に育ちがよいようだと言って済

発達障害と問題行動 | 117

ませられるものではない。状況に応じて行動を使い分けることのできない融通の利かなさや，応用力の低さが如実に表れており（彼らは学習はできるが応用は苦手である），極めてアスペルガー症候群的な振る舞いであると言える。ここで重要なのは，発達障害者の問題行動には，彼らの病理が色濃く表れているということである。

IV 小児期からの未解決な課題による問題行動

1．事例C（24歳男性：アスペルガー症候群の傾向）

　Cは，小学校の教員をしている父母の下に生まれ，大学院生の姉と有名私立大学に通う弟がいる。真面目な性格であったが，優秀な姉と弟の間で割りを喰い，父母に上手に甘えられず，父母の関心も姉と弟に向きがちであった。地元の小中学校で学び，中学時代には父の海外赴任に伴い渡米したが，現地の生活に馴染めず，家族より先に帰国して父の実家に身を寄せた。その後，家族も帰国して再び一緒に暮らすようになり，高校は地元の県立高校に進んだが，朝起きられず出席日数が不足し，大検に合格したこともあって卒業間際に退学した。一浪して地縁血縁のない遠方の大学の心理学系の学部に入学し，1人でアパート暮らしを始めたが，周囲の住人が煩いと言って頻繁に転居を繰り返した。大学でも欠席が多く，イライラして鉢植えを蹴り壊したり，つらいときに保健室の女性カウンセラーに抱きつこうとしたり，支持的に接してくれていた初老の男性教員のネクタイを絞め上げたりして問題になり，心療内科のクリニックに通院するようになった。大学4年時には通院先で大声を出し（主治医は女性であった），精神科病院に数カ月間入院した。統合失調症や発達障害，パーソナリティ障害などを疑われたが，治療の構造がしっかりとしている閉鎖病棟で，指導的な男性主治医の下で過ごした入院期間中は，とくに逸脱行動は見られなかった。社会的な不適応を来たした発達障害者が，統合失調症やパーソナ

リティ障害と見做され得ることは，近年指摘されているところである。やがて，大学の斡旋で食肉加工会社への就職が内定し，留年せず卒業したが，内定先に研修に行った際に社員のコミュニケーションに違和感を覚えたという理由で就職しなかった。牛丼屋でアルバイトをしたりパソコン教室や職業訓練校に通ったりしたがいずれも続かず，実家にも連絡しなくなり，精神科への通院も中断した。実家の近くにある大学附属病院精神科を受診したこともあったが，その際にはとくに診断は下されなかった。
　大学を卒業して半年ほど経つと，Ｃは公共職業安定所を頻繁に訪れるようになったが，職員にしつこく質問し，マナー違反を注意されても従わずに反論するなどして，問題人物視されていた。事件が起きた日も公共職業安定所を訪れ，若い女性職員と話したがって職員を選り好みし，整理券を発行する機械から，何度も整理券を取り直した。管理職の男性職員（44歳）が用件を尋ねると，不機嫌になって興奮し，その職員の胸を指で突き，ネームプレートを引っ張り，紙ファイルで頭部を3回殴打し，眼鏡を掴みとって，その場で職員たちに取り押さえられ，警察官に引き渡された。
　Ｃは取り調べで犯行時の状況を正確に陳述し，後悔と反省の念を口にした。犯行時の心境について，悩みや不安に対応してくれるのではないかと期待していたと言い，殴打した男性職員に怒られているような気になってしまったとも語ったが，幻覚や妄想などは介在していなかった。ジェンダーなどの言葉を引き合いに出して，猥褻な意図で女性職員と話そうとした訳ではないと主張しようとしたが，要は，自分を受容してくれる相手には近づこうとし，受容してくれない相手は遠ざけようとする単純さが窺えただけであった。
　面接では，寂しさや将来への不安感を訴え，自己評価も低かったが，精神病症状や生気的な気分や意欲の変動などは見られなかった。接触性や疎通性，礼節，作業能力などは保たれていて，知能も正常であったが，成長とともに解決するべき生活面での課題が未解決のままで，年齢相応の社会通念が身についていなかった。対人関係が未熟で不器用であり，他人の気

持ちや雰囲気を推し量ることが苦手で，感情の微妙な機微も理解できず，ものごとを字義通りに捉えがちでコミュニケーション能力が低かった。幼児が母親にしがみつくような愛着関係を女性に求めたり，理解してくれない相手を拒絶したりし，集団のなかで上手く振る舞うことができず，感情をコントロールする能力も低かったが，自分の抱える問題には気づいていなかった。

2．解説

　教員の家庭は，医師や法曹関係者，聖職者などの家庭と同じように，親の要求水準や社会的制約が高くなりがちで，子どもにとっては葛藤を孕んだ環境になり得る（辻，2008）。教師と親とでは子どもへの接し方が違って当然であり，優秀な教員が素晴らしい親になるとは限らない。子どもの出来がよければ，とくに問題は生じないが，Cの場合は，親との愛着の問題が伏線として横たわることになった。米国での生活に適応できなかったことは，異文化への適応の点でもっとも微妙な時期である思春期前期に渡米したという恨みもあろうが，ここでは広汎性発達障害の患者が環境の変化に弱く，生活様式が変化し異なる適応の方法を求められるたびに困難を抱えることを想起したい（辻，2011）。求められる振る舞いが変わるという点では，高校や大学への進学や就職も環境の変化を伴うが，実際，Cは高校にも大学にも会社にも適応し損ねている。Cの逸脱行為が，女性や支持的に接してくれた相手に向きがちであったことからは，前述の愛着の問題が連想される。Cの数々の逸脱行為は，葛藤状況に陥って不安が高じた際に，子どもが母親にしがみつくように不器用に愛情を求めてしまい，短絡的に抱き着こうとしたり，望むような対応をしてもらえず衝動的に攻撃したりしたものであろう。

　公共職業安定所での事件は，職業安定所はあくまで就労を支援するための場所であり，悩みや不安を受け止めるための場所ではないという常識に

気づかず，自覚していたかどうかは別として職業安定所で心理的に受容されることを求め，それが叶わず攻撃に出たものとして理解できる。つまり，年齢相応の社会常識が身についておらず，対人関係が未熟で，接近するか拒否するかしかできないことが，この事件の原因になったと言える。この事例からは，彼らの問題行動は一朝一夕に起きる訳ではなく，幼いころからの未解決な課題の蓄積が，問題行動として結実していることが窺える。

　Cは障害の程度に比して問題行動が顕著であり，受容的な相手には際限なく依存しようとし，不安をそのままぶつけている。父母には酷な指摘であるが，指導的な相手に対しては従順になるところを見ても，子どものころの家庭教育如何でもうすこし社会適応が良好になっていたのではないかと思えてくる。実際，発達障害者の問題行動に対しては，本人と親が障害を受容し，小児期からの未解決な課題に取り組んでいくことが大切である。Cの場合も，いったん地元に帰らせ，本人と父母が障害を受容できるよう図りたいところである。

V　問題行動の予兆

1．事例D（22歳男性：アスペルガー症候群・境界知能）

　Dは父母と妹2人（高校生と中学生）との5人暮らしで，同敷地内の別棟には父方祖母が住んでいる。父は大手自動車会社の技術者で，通院歴はないもののアスペルガー症候群が疑われ，家庭では存在感がない。高校生の妹には知的な遅れがあり，養護学校に通学している。妹たちは2人ともDを敬遠していた。Dに対し，母は厳しく口やかましく，祖母は甘やかしていたが，母と祖母との嫁姑間葛藤は深刻で，双方ともDが問題を起こすたびに相手に責任を求めていた。

　Dは，子どものころから人づき合いが苦手で，他者の立場になってものごとを考えることができなかった。迷子になりやすく，運動も苦手で，小

学5年生の3学期ころから不登校になった。感情的に不安定になり，妹たちを突き飛ばしたり，自宅の中で火遊びをしたりしたこともあった。中学校も1カ月通っただけで不登校になり，自宅にひきこもってゲームばかりしていた。ひきこもりの生活で，好きなものばかり食べて体重が増加していたため，肥満治療を兼ねて10カ月ほど入院したこともあり，その間は養護学校に通った。養護学校での記録には，以下のような内容が記されていた——自分の考えをそのまま伝えて相手を不快な気分にさせそれに気づかない，躾レベルの社会性が身についていない，同級生が苦手で上級生と遊ぶ，人づき合いが上手くない，音に敏感である，加減を知らず相手に恐怖心を与える——。その後，Dは地元の中学校に戻り，2年時には担任の熱心な指導により学校に通ったこともあったが，3年になると再度不登校になり，不登校学級がある別の中学校に転校した。

　中卒後は，工業高校の定時制の電気機械科に進み，ファーストフード店でのアルバイトも始めたが，やはり不登校になり退学した。このころから，気に入らないことがあると自宅の壁を殴って穴を開けたり，ものを壊したりするようになった。その後，飲食店やパチンコ店などで働いたこともあったが，生活が不規則で勤労意欲も乏しく，職業的な適応は不良で，仕事をせずに自宅でぶらぶらしていた期間も長かった。人間関係も不得手で，ガンダムのプラモデルやDVDに夢中になり，友人は不登校仲間の幼馴染が1人いるだけで，1度だけ恋人ができたこともあったが長続きはしなかった。

　19歳時に，母に叱られたことがきっかけで自宅の障子に火を点けたが，障子が燃えただけだったこともあり，警察には通報されなかった。20歳時には，子どものころからの暴飲暴食が祟って腸炎を起こし，1カ月間ほど入院した。21歳時に知人の紹介で果物屋で働いたときには，その知人に40万円ほどの金を騙し取られた。最近は，家族に注意されると卑屈になり，腫れ物に触るように扱われると怒りだし，中学生の妹がDとの生活に音を上げるほどだった。そのため，母は妹たちを連れて近くのアパートで別居することを考え始めていた。D自身も自信を失い，行動に移すことはな

かったが自殺を考えるようになった。

　ある日の夕食時，Dは，食卓を囲まず居間でガンダムのDVDを大音量で視ていて，父に繰り返し注意され激発し，居間に飾ってあったガンダムのプラモデルやDVDを壊した。怒った父に左頬を叩かれると，Dはプラモデルを持って2階の自室に上がり，本棚を倒したり，プラモデルを壁にぶつけて壊したりした。Dはしばらくすると落ち着いたが，「俺の一番大事なものを壊したことはどういう意味かわかるだろう」「俺はどうなっても構わない，死んでやる」などと口にした。

　翌日，Dは不登校仲間の幼馴染とゲームをして遊んだり，一緒に外食したりして過ごし，午後9時ころに帰宅した。午後9時50分ころ，Dは自室にプラモデルなどを山積みして火を点け，居間に行って，咥え煙草で父に煙草代を無心し，「この家も燃えればいいな」と言い残して家を出た。父母が火事に気づいて消火したため，火は床板や壁紙の一部を焼損したのみで消し止められたが，Dは自宅に電話を掛けてきて，電話に出た中学生の妹に「2階の俺の部屋はどうなった」「皆燃えちゃえばよかったのに」などと言った。午後11時ころに帰宅し，父に問われると火を点けたことを認め，「もう俺なんかどうでもいいんだ」と言った。110番通報で訪れた警察官に対しても素直に犯行を認め，「まともに生きていくのが嫌になったので，自分のものを全部処分しようとして火を点けました」と話した。その後の取調では，犯行時の状況について細部に至るまで正確に述べ，逮捕されなければ後でどこか遠くに行って1人で死んでしまうつもりだったと語り，面接時にも「反省すべき点はいろいろあります」と反省の言葉を口にしたが，飄々とした口調で深刻味に欠けていた。放火が重罪であるという知識は有していたが，家が火事になれば自分の持ちものだけでなく家族が大切にしているものも燃えてしまい，家族が悲しむかもしれないということや，最悪の場合，家族が焼け死んだ可能性もあったなどといったことには，思い至っていない様子があった。

2．解説

　Dの家族歴や生活歴は広汎性発達障害の患者にありがちなものであり，人づき合いが苦手で，他者の立場になってものごとを考えることができず，場の雰囲気が読めない独特の傾向が子どものころから一貫して続いている。子どものころに迷子になりやすかったのも，保護者の後を追おうとしなかったためかもしれず，対人関係の障害を思わせる。学校生活でさまざまな困難が生じていたことは想像に難くないが，はたして不登校になり，感情をコントロールすることができず，妹たちにあたったり弄火したりし，ゲームへの没頭や食生活の偏りなどのこだわりの強さも顕在化した。こだわりの強さは，後年，ガンダムのプラモデルやDVDに夢中になったことにも表れている。同級生との関係が苦手なことも，アスペルガー症候群では珍しくない。彼らは他者に主体があることに思い至らないため，相手を自分と対等な存在として認識しにくく，結果的に相手を自分より上に見て従うか，見下したり支配しようとしたりするしかできず，同格な相手との関係で軋轢を生みがちである。

　Dは定時制高校への通学すら全うできず，対人関係は限定され，職業的な適応も不良で，知人に金を騙し取られたこともあり，社会適応能力は高くない。ただし，小学校の低～中学年には問題が表面化しなかったことや，熱心な担任に出会えばどうにか普通学級に適応できたこと，1人だけであるが友人もおり，一時期は恋人さえいたことを鑑みれば，障害の程度はさほど重篤ではないとも言える。

　19歳時に母に叱られて自宅の障子に放火した一件は，小学生のころの火遊びを髣髴とさせるが，火遊びをしたときにも，障子に放火したときにも，適切な介入がなされた様子がないことは重要である。最近は，家族が対応に苦慮するほど家庭内での葛藤状況が亢進しており，D自身の自我感情も低迷していたようである。今回の犯行は，生活態度を注意されたことがきっかけで，癇癪を起こしてものに当たり，自暴自棄に自分の持ちものに火を点けたものであり，犯行自体に奇異な点は見られないが，これまでの

弄火や放火の延長線で，次第に大ごとに発展しつつあると言える。

　犯行時に「この家も燃えればいいな」「皆燃えちゃえばよかったのに」と口にしながら，その一方で，自宅が全焼したり家族が焼け死んだり，家族の持ちものが燃えて家族が悲しむかもしれないという可能性に思い至らなかったことは，一見矛盾するようであるが，アスペルガー症候群であることを鑑みれば不思議ではない。アスペルガー症候群の患者は他人の感情に疎く，自分の行為の結果を即物的に予想することはできるが，その結果生じる自他の感情的な動揺を想い描くことは不得手である。他人の立場になることが苦手なので，焼け死ぬのは苦しいだろうとか，大切なものが燃えたら悲しむだろうなどと想像することは困難である。Dの関心事はもっぱら自分のことに限られており，家族の動向や感情には気持ちが向かない。家とは，本来は家族一人一人の想いの集合体であるはずだが，Dにとっては，単なる物質としての家屋に，せいぜい自分の想いが付加されているだけなのである。このように書くと，まるでDを冷酷非情な人物として描写しているようだが，アスペルガー症候群の語源となったオーストリアの小児科医ハンス・アスペルガーは，いみじくもこの症候群を自閉的精神病質と呼び，精神病質（サイコパシー）の一種と捉えていた（Asperger, 1944）。

　ただ，アスペルガー症候群の患者に見られる他者の感情への疎さは，必ずしもDのように犯罪に結実する訳ではない。感情に掣肘を受けないことで論理性を発揮して優れた思弁を残す場合もあるし，強いこだわりや限定された興味が特定の分野での才能を開花させる場合もあることには留意しておきたい。

VI まとめ

　以上の事例で見てきたことをまとめると，奇妙な事件の背景には発達障害が認められることがあり（事例A），発達障害者の問題行動には彼らの病理が如実に表れていて（事例B），小児期の未解決な課題が犯行に表れる場合もあり（事例C），大きな事件の前に小さな予兆が出現する可能性もあると指摘することができる（事例D）。したがって，発達障害者の問題行動に対しては，小さな予兆を看過することなく，早期発見早期介入に努めることが大切であるし，小児期に解決しているべき課題が未解決のままになっている場合には，その課題に取り組ませることが，とりもなおさず問題行動の防止にも繋がるのではないかという可能性が見えてくる。コミュニケーション能力が低く，感情のコントロールがままならないことが問題行動の布石になっていることも少なくないので，こうした能力を学ばせることも大切であるし，身の丈に合わせた現実的で高過ぎぬ目標を提示することも重要であろう（辻，2011）。

　今回取り上げた4事例は，警察・検察が関与するなかで精神鑑定事例となった。しかし，中等度精神遅滞でもあるAが心神耗弱であっただけで，B，C，Dの責任能力に問題はないとされた。一般的に，自閉症であれば責任能力の減免に結びつき得るが，ここで取り上げた程度のアスペルガー症候群自体は，それのみで責任能力減免に結びつけるべきではない。これは，自閉症が一般人口のおよそ0.1％であるのに対し，アスペルガー症候群は数％に及ぶと推測されていることからも頷けよう。われわれの周囲にいる「変わり者」「空気が読めない人」「気が利かない人」などが実はアスペルガー症候群であったという例は少なくない。彼らが自分の行為に責任を持つ必要があることは，言うまでもなかろう。

　このように見てくると，問題行動もまた，発達障害者を生きづらくしている生活面の障害の一端を形成しているという当たり前の事実が浮上して

くる。社会生活のなかで困った人と見なされていた人物が，何らかの事件を起こしたことで発達障害であることが判明し，適切な処遇を受けられるようになることもあろう。また，発達障害が存在しそうだと薄々わかっていながら介入できずにいる事例を，問題行動がきっかけで医療機関受診に導くことができる場合もあろう。発達障害者を適切な援助に結び付けるには，専門家でさえ困難を伴うことが少なくない。問題行動を介入の契機にできれば，災い転じて福となせるかもしれないのである。発達障害者への対応に王道はない。精神医学的知識を習得して彼らの実態を理解し，彼ら自身や親たちに障害を自覚・受容させる努力を地道に続けたい。

文　献

Asperger H (1944) Die "Autistischen Psychopathen im Kindesalter". Arch. Psychiatr. Nervenkr. 117 ; 76-136.

藤川洋子（2008）発達障害と少年非行. 金剛出版.

法務省法務総合研究所 編（2011）平成23年版犯罪白書.

Sadock BJ & Sadock VA (2003) Kaplan & Sadock's Synopsis of Psychiatry, 9th Edition. Lippincott Williams & Wilkins.（井上令一，四宮滋子 監訳（2004）カプラン精神医学テキスト第2版―DSM-Ⅳ-TR診断基準の臨床への展望. メディカル・サイエンス・インターナショナル.）

Sagan C (1979) Broca's Brain. Random House.（中村保男 訳（1986）サイエンス・アドベンチャー（上・下）. 新潮社.）

Schneider K (1962) Klinische Psychopathologie. Georg Thieme Verlag.（平井静也, 鹿子木敏範 訳（1957）臨床精神病理学. 文光堂.）

辻惠介（2008）犯罪心理学を学ぶための精神鑑定事例集. 青山社.

辻惠介（2011）発達障害とキャリア支援―武蔵野大学社会連携センターのシンポジウムと発達障害支援講座から. 大学時報 337 ; 56-61.

米山岳廣, 辻惠介（2010）改訂版 精神保健の基礎と実際. 文化書房博文社.

第7章

発達障害者の就労の現状

橋田　菜穂（日本ストレスケア研究所）

I　発達障害者の就労支援の現状

　発達障害について相談できる専門機関として，2005年に施行された発達障害者支援法に基づいて各都道府県に設置された発達障害者支援センターがある。同センターでは，発達障害の早期発見・療育支援や，専門的な発達支援・就労支援に加え，企業や医療，福祉，教育，労働などの関係機関との連絡調整や情報提供というように，発達障害者の生涯にわたる多様なニーズに応じた相談支援事業を展開している。

　近年では，青年期・成人期の就労支援に対するニーズが高まっており，横浜市や大阪府，京都市などの支援センターは，行政の就労支援機関と連携をとりながら支援プログラムを提供している（新澤，2009；柴田，2009；山根・門，2009）。しかし，発達障害の特性に配慮した就労支援サービスを提供できる機関は一部にすぎず，支援プログラムも十分に確立されているとは言えないのが現状である。

　また，就労支援の対象となる発達障害者としては，障害者手帳を取得している人，あるいは広汎性発達障害，学習障害，注意欠陥多動性障害の診断を受けた人がいるほかに，診断は受けていないが発達障害の可能性があると認識している本人や親が支援を求めてきたり，本人には自覚がないが周囲が困難を感じているというケースも考えられる。そのため，就労相談

として窓口にやってきても，実際には，生活自立ができていない，障害特性の認識不足のために職場にうまく適応できない，二次障害としてメンタルヘルス上の問題を抱えているなど，就労支援を受ける前段階として取り組まなければならない課題のある相談者も少なくない（土岐・中島，2009）。

このように，単に就職の斡旋や職業訓練に留まらず，対象者の能力や状態によって支援ニーズが多岐にわたることも，発達障害者の就労支援の特徴であり，難しさでもある。発達障害者の就労支援においては，各関係機関が連携を図り相談者の状況に応じた適切な支援を行うことが，より一層大切になってくると言える。

II 発達障害者の就労状況の実態調査

障害者職業総合センター（2009）は，発達障害者の就労の実態を明らかにするため，社団法人日本自閉症協会の関係者で年齢18歳以上の発達障害のある当事者の保護者や家族に対して調査を行っている。調査対象者のうち，自閉症，アスペルガー・高機能自閉症，広汎性発達障害のいずれかの診断を持つ人は82%を占めており，診断のない人は全体の8.3%であった。調査対象者の現在の状況は，「福祉施設利用」が70%と最多で，「会社での常勤の仕事」が12%，「自営業・自由業の仕事，アルバイト・非常勤等で短時間または短期の仕事，家事手伝い等で常勤以外の仕事をしている」が4%となっており，何らかの形で就労に従事している者は全体の16%にとどまっている。

さらに同センターでは，通常教育を選択し，高等学校卒業以上の教育歴を持つ広汎性発達障害者の在職できている事例と失業に至った事例についてヒアリング調査を実施し，障害特性に即した仕事の選択，障害特性の自己理解，職業準備教育が，就労を継続させていくうえで重要であることを指摘している（障害者職業総合センター，2009）。

一方で，受け入れ先である企業側が，発達障害者の就労に対してどのような認識を持っているのかについては，これまでほとんど明らかにされていない。厚生労働省は，民間の事業主に対して「障害者雇用実態調査」を5年ごとに実施しているが，調査対象は身体障害，知的障害，精神障害の3障害のみとなっている。現行の制度上，発達障害者が取得できる手帳は，知的障害を伴う場合に対象となる療育手帳と，広汎性発達障害あるいは二次的な精神障害に対して交付される精神障害者保健福祉手帳であり，発達障害独自の手帳は存在しない。そのため，実態の把握についても難しいという現状がある。

　佐世保工業高等専門学校では，2007年度に文部科学省が公募した「高専での特別支援教育推進事業」の一環として，267の企業および公的機関に対して発達障害者の雇用に関するアンケートを行っている（松尾ほか，2009）。調査によれば，発達障害者の取得できる精神障害者保健福祉手帳を持つ障害者を採用している企業は，回答のあった企業のうち，従業員数1,000人以上の企業10社に限られていたという結果であった。また，発達障害者の雇用相談を受けたり，雇用を検討したことがあると答えた企業は全体の10％にとどまった。障害者雇用促進法により，企業に対しては一定率の障害者の雇用が義務づけられているが，手帳を取得していない発達障害者はこの障害者雇用率の対象とならないこと，発達障害者の受け入れの実績が少ないために対応の仕方がわからないことなどが，発達障害者の雇用が進まない理由として挙がっている。

III　企業が捉える発達障害者雇用に現状に関する調査

　2008年に筆者らは，企業の人事担当者が，発達障害者の雇用の現状と課題について，どう捉えているのかを明らかにするために次の調査を実施した。

まず，一般の企業に"発達障害"という言葉自体が普及しているかどうかも定かではないため，発達障害の厳密な定義ではなく発達障害のおおまかな概念について企業はどの程度認識しているのか，また，発達障害者を雇用するうえでどのような困難があるのかを明らかにすることを目的とし，企業の人事担当者に対してアンケートを行った。なお，一般企業のほかに，障害者の雇用の促進および安定を図るため，事業主が障害者の雇用に特別の配慮をして設立する「特例子会社」も調査の対象とした。

1．調査の方法

　特例子会社全242社（2008年6月現在）のうち所在地の判明した235社，および，武蔵野大学キャリア開発課の管理する武蔵野大学生の就職訪問企業名簿より一般企業723社に対して，各社人事担当宛てにアンケートを郵送した。ここでは，特例子会社と一般企業あわせて958社の調査結果について述べる。アンケートの内容は以下の通りである。

（1）対象企業の基本属性（業種・従業員数）
（2）障害者雇用の有無，障害者の種類と人数，雇用率達成の状況
（3）発達障害に関する知識の有無，発達障害者雇用の有無
（4）雇用している各障害者の雇用形態，業務内容および雇用上の課題
（5）障害者雇用全般における関係機関との連携の必要性
（6）通常採用の社員に関する問題行動について

　発送総数958に対し，回答数と回収率は，特例子会社が235社に対し130社（回収率55％），一般企業が723社に対し214社（回収率30％）で，回収総数は344であった。そのうち有効データ334社の回答結果について考察した。

2. 対象企業の基本属性

対象企業の業種および従業員数については表1, 2に示した。

表1 対象企業の業種

業種	特例子会社		一般企業	
農業, 林業, 漁業, 鉱業	1 (社)	0.8 (%)	1 (社)	0.5 (%)
建設業, 製造業	34	26.4	24	11.7
電気・ガス・熱供給・水道業	0	0	0	0
情報通信業	5	3.9	25	12.2
運輸業, 郵便業	0	0	5	2.4
卸売業, 小売業	6	4.7	54	26.3
金融業, 保険業	1	0.8	13	6.3
不動産業, 物品賃貸業	0	0	10	4.9
学術研究, 専門・技術サービス業	1	0.8	1	0.5
宿泊業, 飲食サービス業, 生活関連サービス業, 娯楽業	7	5.4	16	7.8
教育, 学習支援業, 医療, 福祉	2	1.6	5	2.4
複合サービス業, サービス業（他に分類されないもの）	50	38.8	38	18.5
その他の産業	21	16.3	9	4.4
複数回答	1	0.8	2	1.0
無回答	1	0.8	2	1.0

表2 対象企業の従業員数

従業員数	特例子会社		一般企業	
1～10人	12 (社)	9.3 (%)	6 (社)	2.9 (%)
11～30	40	31.0	11	5.4
31～55	28	21.7	21	10.2
56～100	24	18.6	17	8.3
101～300	13	10.1	48	23.4
301～500	0	0.0	30	14.6
501～1,000	1	0.8	21	10.2
1,001～5,000	7	5.4	43	21.0
5,001～10,000	3	2.3	4	2.0
10,001以上	1	0.8	3	1.5
無回答	0	0.0	1	0.5

3．障害者全般の雇用の現状

　一般企業に障害者雇用についてたずねたところ，「現在雇用している」が136社（66.3%），「過去に雇用したことがあるが，現在はしていない」が54社（26.3%）であった。法定雇用率達成の状況については，上記の結果とともに表3に示した。

　雇用している障害者の種類と割合について，特例子会社では知的障害が一番多く，雇用している障害者全体の48.0%（1,867名），次いで身体障害が46.6%（1,812名），精神障害が3.8%（148名），重複障害が1.5%（60名）であった。

　一般企業では，身体障害が最も多く75.8%（1,636名），知的障害が18.5%（399名），精神障害が4.5%（98名），重複障害が1.2%（25名）であった。

4．発達障害者の雇用の現状
1）発達障害という概念の認識について

　アンケート中に，発達障害（(1) 学習障害，(2) 注意欠陥多動性障害，(3) 自閉症やアスペルガー障害）の名称と特徴について簡単に記載し，この概念についてたずねた。

表3　一般企業における障害者雇用・法定雇用率

設問	項目	一般企業	
障害者雇用について	現在雇用している	136（社）	66.3（%）
	過去に雇用したことがあるが，現在はしていない	11	5.4
	雇用したことはない	54	26.3
	無回答	4	2.0
法定雇用率は満たしているか	はい	58	42.6
	いいえ	75	55.1
	わからない	3	2.2

表4 発達障害の概念への認識と発達障害者の雇用状況

設問	項目	特例子会社		一般企業	
"発達障害"の概念について	発達障害の名称も，障害の特徴も知っていた	93（社）	72.1（%）	54（社）	39.7（%）
	発達障害の名称は知っていたが，障害の特徴は知らなかった	26	20.2	46	33.8
	発達障害の名称は知らなかったが，障害の特徴に心当たりがある	6	4.7	23	16.9
	発達障害の名称も，障害の特徴も知らなかった	4	3.1	9	6.6
	無回答	0	0.0	4	2.9
発達障害者または症状に該当する障害者の雇用について	発達障害の明らかな障害者を雇用している	45	34.9	11	8.1
	発達障害の症状に該当するような障害者を雇用している	29	22.5	9	6.6
	雇用していない	52	40.3	113	83.1
	無回答	3	2.3	2	1.5
	不明	0	0.0	1	0.7

　「この"発達障害"という概念についてご存じでしたか」という質問に対して，特例子会社では，「発達障害の名称も，障害の特徴も知っていた」が93社（72.1%），「発達障害の名称は知っていたが，障害の特徴は知らなかった」が26社（20.2%），「発達障害の名称は知らなかったが，障害の特徴に心当たりがある」が6社（4.7%），「発達障害の名称も，障害の特徴も知らなかった」が4社（3.1%）であった。

　一般企業では，順に，「名称と特徴の両方知っていた」が54社（39.7%），「名称のみ知っていた」が46社（33.8%），「特徴に心当たりがある」が23社（16.9%），「両方知らない」が9社（6.6%）であった（表4）。

2）発達障害者の雇用状況

　「発達障害者あるいは上述した特徴に該当するような障害者の方を雇用していますか」という質問に対して，特例子会社では，「発達障害の明らかな

障害者を雇用している」が45社（34.9%），「上述した症状に該当するような障害者を雇用している」が29社（22.5%），「雇用していない」が52社（40.3%）であった。

一般企業では，順に「発達障害の明らかな障害者を雇用」が11社（8.1%），「症状に該当するような障害者を雇用」が9社（6.6%），「雇用していない」が113社（83.1%）であった。

3）発達障害者の雇用に関する困難

「発達障害者（と思われる方）の雇用に関して，会社内で困っていることで，医療や心理，福祉の専門家にたずねてみたいこと」について自由記述で回答を求めた。

特例子会社では，発達障害者および発達障害の疑いのある者を雇用していると回答した事業所全74社中，何らかの記述があったのは29社であった（「特になし」は除く）。その内容は，実際に困ったことの記述が11社，専門家との連携によりうまくいったとの記述が12社，その他の記述が6社あった。

一般企業では，発達障害者および発達障害の疑いのある者を雇用していると回答した事業所全20社中，困ったことの記述が4社，専門家との連携が1社，その他が2社であった。

記述の内容については，文意を損なわないよう配慮しながら筆者が原文を省略・修正してまとめたものを表5，6に示す。

5．雇用している各障害者の雇用形態，業務内容および課題

現在雇用している障害者の雇用形態，業務内容と，雇用するうえでの課題を，それぞれの障害ごとにたずねた。本稿では，発達障害の結果のみ述べる。

特例子会社では，発達障害者の雇用形態は，「常用雇用」が71.4%，

表5　発達障害者を雇用するうえで困っていること、専門家にたずねたいこと（特例子会社）

記述あり（29）	困ったこと（11）	業務遂行上の困難（3）	アスペルガー症候群につき、自分の興味のないことには意欲、忍耐力が弱い反面、興味があることには会社の規律を犯しても行うことがある。
			ひとつのものごとに集中できない多動性なのか、軽度の知的部分の怠ける気持ち（ずるがしこさ）なのか悩む。
			こだわりの緩和法について。極力"特性に合った業務内容・環境"に気を配っているが、難しい場合、当事者のストレス回避法や支援方法等を聞いてみたい。
		コミュニケーション・周囲の理解（6）	突然大きな声を出したり、自分の思っていること（したいこと）が阻止されると騒ぎ出し、他の障害者へ影響がでる。
			社内でコミュニケーションがとれない。いらいらすると物にあたるなどがある。
			2名発達障害者を雇用している。A君は2年間仕事をしているが、やはり会話がなく成長がない。B君は1年目であるが、欠勤が一番多い。
			他者とのコミュニケーションのとらせ方
			発達障害のある社員の行動について、身体障害社員が理解でないケースがたびたびあり、面談を行っているが、理解してもらうことが難しいと感じている。
			ストレスから大きな声で不満をもらす。外部支援によりストレスが原因ということで対処した結果、大きな声はなくなったが、仕事にストレスはつきもの。さらにストレスをなくすよう言われるが、仕事の質が落ちてきており、過度なストレスの見極め方法はないものか。
		他（2）	手帳を持っている社員は、障害者として認識して配慮できる、手帳を保持していないが近い社員、手帳を取れると明らかに思われる社員に対する対応が難しい。
			研究などで明らかになっている項目（彼らの特徴や実態）と、実際の支援課題、支援方法をどのように結びつけていったらよいか。
	専門家と連携（12）	社外（10）	ジョブコーチ（3）
			就労支援センター（4）
			出身施設担当者・臨床心理士（2）
			特定の記載なし（1）
		社内（2）	社内研修（1）
			福祉の専門家（1）
	その他（6）		メンタル面で不安定であったが、SSTの導入によりよくなった。
			発達障害者が職業的な訓練を受けて、これまで知られていなかった能力の発現する様について事例があれば知りたい。
			専門家への相談の意思なし（2）
			すべて理解して受け入れている。
			1名を発達障害と聞かされずに中途採用しようとしたが、トライアル期間中に自分からやめた。他の社員の至らないことや自分の不満など感じたことをストレートに口にするので、周囲からも不満が出ていたので、続けていたとしても3カ月のトライアル終了時にはお断りしていた。

表6　発達障害者を雇用するうえで困っていること，専門家にたずねたいこと（一般企業）

記述あり(7)	困ったこと(4)	業務遂行上の困難(1)	こだわりの強い方への業務担当の方法，雇用管理のコツ
		コミュニケーション・周囲の理解(3)	コミュニケーション（業務上）
			他の従業員とのコミュニケーションがとれず，挨拶なども返せないため，トラブルになる。また，新しい仕事を覚えることに本人が極度のストレスを感じるようで，会社としても対応に困る（学習障害があると知らずに採用している）。
			職場で発達障害を理解させる方法（理解したと思ってもトラブルになるケースがある）
	専門家と連携(1)		リハビリセンター
	その他(2)		清掃員として勤務予定だが，他の職種での活用例はあるか。
			採用したばかりでわからない。

「有期限雇用（契約社員）」が24.5％，「短時間労働（パート）」が4.1％であった。また，業務内容については，「対物業務」が48.4％，「対人業務」が9.7％，「対情報業務」が24.2％，「その他」が17.7％であった。雇用するうえで現在課題となっていることを尋ねたところ，「周囲とのコミュニケーション」が最多で38.1％，次に多いのが「担当業務の選定」で20.2％であった。

6．障害者雇用全般における関係機関との連携の必要性

「障害者全般の雇用に向けて，関係機関（企業，福祉施設や教育機関，ハローワークや地域就業・生活支援センター等）との間で連携を図っていきたいと思いますか」との質問に対し，特例子会社では「そう思う」が117社（90.7％），「どちらともいえない」が6社（4.7％），「そう思わない」が3社（2.3％）であった。一般企業では，「そう思う」が119社（58.0％），「どちらともいえない」が59社（28.2％），「そう思わない」が22社（10.7％）であった。

7．通常採用の社員に関する問題行動について

発達障害の診断はないが発達障害の問題がある従業員が，通常採用されている者のなかに含まれているかどうかを探ることを目的に「通常採用の社員に関して，何らかの問題行動や心理的な問題等，対応に困っていること」について自由記述で回答を求めた。回答の多くは，うつ病やメンタルヘルス上の問題あるいは，コミュニケーション能力の欠如についてであった。

IV　調査の考察と課題

1．発達障害の理解

特例子会社では全体の72％が発達障害の名称と障害特性を認識していた。特例子会社は通常よりも障害者への理解が進んでいることに加え，一般企業の障害者雇用の中心が身体障害者であったのに対し，特例子会社では知的障害者の雇用が多かったことから，知的障害と併発することの多い発達障害への理解の高さにつながったものと考えられる。

一方で一般企業では，名称のみを認識している企業も含めると，発達障害を認識している企業は74％あったが，名称と障害特性のどちらも認識している企業は40％にとどまった。昨今，マスメディアなどで発達障害が取り上げられるようになり，世間での認識も徐々に高まりつつあるが，障害特性までしっかり認識されてはいない現状がうかがえる。

発達障害を持つ当事者が就職を継続していく際に必要とするサポートとして，「職場で障害のことを理解してくれる相談相手がほしい」「自分にあったやり方で仕事をさせてほしい」などの意見があがっている（梅永，2004）。今回調査の対象としたのは人事担当者であり，社員と業務上直接関わる指導員や現場のリーダーとは異なる立場である可能性はあるものの，企業の採用や雇用管理を引き受ける人事担当者の発達障害に対する認識が全体の半数を下回ったという結果からは，発達障害者にとって企業に就職

したり，企業で働き続けることがいかに難しいかが推察される。

2．発達障害者または診断はないが症状に該当する障害者の雇用と困難について

　発達障害の明らかな障害者を雇用している企業は，特例子会社では全体の35％，一般企業ではわずか8％という結果であった。また，発達障害者の雇用に関する困難について，発達障害者および発達障害の疑いのある者を雇用していると回答した事業所のうち，なんらかの記述があったのが特例子会社と一般企業でそれぞれ29社（39.2％）と7社（35％），そのうち内容が困ったことの記述だったものはそれぞれわずか11社と4社であった。この回答数の少なさからは，発達障害者の雇用そのものが進んでいない現状と，企業側の発達障害者の雇用に関する意識の低さがうかがえる。

　困ったことの内容としては，こだわりや興味の偏りといった業務遂行上の困難に関する問題，大声を出すなど他者とのコミュニケーションの問題のように，障害特性に基づく当事者本人の課題のほかに，こうした行動がどうして起こるのかなかなか周囲に理解されにくいことも挙げられた。本人の特性に適した就労のためには，こちらから企業や周囲に障害への理解を求めて働きかけていくことも必要であり，自分の障害や得意不得意といった障害特性あるいは職業適正をしっかり認識する自己理解が大切であると考えられる。

　回答のなかには，困ったこととは直接関係ないが，「1名を発達障害と聞かされずに中途採用しようとしたが，トライアル期間中に自分からやめた。他の社員の至らない事や自分の不満など感じたことをストレートに口にするので，周囲からも不満が出ていたので，続けていたとしても3カ月のトライアル終了時にはお断りしていたと思われる」との記載があった。この例は，発達障害の診断や本人の自覚がないと周囲から理解が得られないことや，そのために就労相談にも繋がらない事例が少なからずあることを示

唆しているだろう。

3．専門機関との連携について

　全体数で見れば決して多い数ではないが，発達障害者の雇用に関する困難について回答のあった特例子会社のうち半数が，専門家との連携により問題を解決したり就労を継続している。このことから，就労を継続する要因の1つとして専門家との連携をあげることができるだろう。回答のなかには「SSTの導入によりうまくいった」という記述もあり，就労や生活技能，コミュニケーションなどに焦点を当てたSST（ソーシャル・スキル・トレーニング）とよばれる専門的なトレーニングの導入が問題行動の低下につながったと考えられるものもあった。

　一方で，「困ったことはあるが専門家にたずねるつもりはない」など，連携の意思がないと回答した企業もわずかながらあり，無回答の企業にもこのような意識は少なからず含まれると推察される。発達障害を持つ人が就労を継続するうえでは，周囲の障害理解をはじめ，環境調整や雇用管理上の配慮など専門的な関わりが大切であり，特に障害者雇用率の対象とならない発達障害については，支援機関はいかに企業と連携をとっていくかということが課題であろう。

文　献

新澤伸子（2009）大阪府発達障がい者支援センター「アクトおおさか」（連載 発達障害者支援センターの取り組み）．総合リハビリテーション 37-4；364-366．

梅永雄二 編（2004）こんなサポートがあれば！—LD, ADHD, アスペルガー症候群, 高機能自閉症の人たち自身の声．エンパワメント研究所．

柴田珠里（2009）横浜市発達障害者支援センター（連載 発達障害者支援センターの取り組み）．総合リハビリテーション 37-3；266-288．

障害者職業総合センター（2009）発達障害者の就労支援の課題に関する研究. 調査研究報告書 No.88.

土岐淑子, 中島洋子（2009）高機能広汎性発達障害の就労支援. 児童青年精神医学とその近接領域 50-2 ; 122-132.

松尾秀樹, 堂平良一, 南部幸久ほか（2009）障害者と発達障害者の雇用に関するアンケート結果. 佐世保工業高等専門学校研究報告 45 ; 67-76.

山根舞, 門眞一郎（2009）京都市発達障害者支援センター「かがやき」―発達障害児・者への支援：「かがやき」の3年間の取り組み（連載 発達障害者支援センターの取り組み）. 総合リハビリテーション 37-5 ; 466-467.

第2部　実践編

コーディネーター・辻　惠介

第8章

職業リハビリテーションと雇用促進

松田　啓一
(医療法人ハートフル　アマノリハビリテーション病院リハビリテーション部社会参加支援課)

1　はじめに

　発達障害者の雇用を促進するためには，まず現代日本の労働市場を前提に，障害者一般（発達障害者に限らず）の雇用促進がどのような考え方のもとに進められているかを理解する必要がある。当然ながら，「発達障害者」もまた「さまざまな障害者」の一員だからである。

　本章では，以上のような視点から，まず前半では障害者の雇用促進一般について概説を行う。この部分は法制度の説明が中心になるが，なるべく実定法に忠実に沿って進めていきたいという考えから，引用条文が多くなっている。あらかじめ了とされたい。

　後半では発達障害者を他のさまざまな障害者のなかに位置づけながら，その雇用促進を論ずる。そうすることにより，発達障害者だけに着目する視点とはまた違う論点が浮き彫りになると考えたからである。さらに敷衍すれば，「発達障害者の雇用促進」というテーマは，基本的には「たまたま発達障害のある求職者の雇用促進」というテーマに還元されるものであり，最終的には「障害の有無にかかわらず存在するさまざまな求職者，勤労者」の一員という視点からも論じられる必要があると考えたからである。

　なお，発達障害者の雇用促進はまだ緒に就いたばかりである。そこにはさまざまな問題や誤解が横たわっており，必ずしも確定した解決策がある

わけではない。そのため本章の重点は私見としての解決策の提示より，問題点や誤解されやすい点を整理し共有することに重点を置いた。これらの社会的共有こそが良き解決策への第一歩となると考えたからである。

II 職業リハビリテーションの法的定義

1．国際条約上の定義

　障害者の職業的支援については日常の実務現場では「雇用促進」「就労支援」「就業支援」など，さまざまな言葉が使われているのが現状である。そこでここでは，混乱を避けるために「職業リハビリテーション（vocational rehabilitation）」という言葉を一貫して使っていくこととする。この言葉は以下に示すとおりILO（国際労働機関）条約に規定されているものであり，その意味でこの分野における世界共通語と言えるものだからである。

　ILO159号条約（以下，「ILO条約」という）から「職業リハビリテーション」の定義に該当する部分を引用すると下記のとおりである。

> 「障害者が適当な職業に就き，それを継続し，かつ，それにおいて向上することができるようにすること，ならびに，それにより障害者の社会への統合又は再統合を促進すること」（下線部筆者）

　ここでは下線部について簡単に留意点を付しておく。
　第一の留意点は職業に就くことだけではなく，それを継続し，さらにはそれにおいて向上していくことまで言及されているという点である。単に就職すればそれで職業リハビリテーションの任務が終了するものではないということである。
　第二の留意点は「統合又は再統合」という文言である。基本的に「統合」は生まれつきの障害のある人を示しており，「再統合」は中途障害の人（人生の途中で病気や怪我で障害が残った人）を示していると考えられる。

元々 rehabilitation の接頭辞の re は「再び」を表すものであり，その和訳は「社会復帰」[注1]とされるのが一般的である。そこには再び元に戻るという意味合いがこめられている。したがって rehabilitation というと中途障害の人の社会復帰，職業復帰だけが連想されがちだが，本条約のこの文言は生まれつきの障害のある人も含めて rehabilitation というものを規定していると言えよう。

2．国内法上の定義

上記のような国際条約と連動して国内的には「障害者の雇用の促進等に関する法律」（以下，「雇用促進法」という）によって「職業リハビリテーション」が規定されている。以下のとおりである。

> 「第二条　七　職業リハビリテーション
> 障害者に対して職業指導，職業訓練，職業紹介その他この法律に定める措置を講じ，その職業生活における自立を図ることをいう」

ただし，上記の定義はあくまで雇用促進法における「職業リハビリテーション」の定義である。この法以外でも実質的に先のILO条約に該当する営みはこれを「職業リハビリテーション」と呼んで差し支えない。したがって後述するように，福祉分野における就労移行支援事業や教育分野における特別支援学校の就職支援も広義の「職業リハビリテーション」と言えるものである。

注1）竹林滋，他：新英和中辞典（第7版）．研究社，2010．

III　職業リハビリテーションの法的性格

　以上，ILO条約，ならびに雇用促進法を通じて「職業リハビリテーション」の定義を確認したが，ここで留意すべきはILOは国際労働機関，つまり「労働」に関する国際機関であり，雇用促進法は福祉立法ではなく労働立法であるという点である。どちらも「福祉」「保健」「医療」とは異なる「労働」分野の定義だということをここではまず最低限確認しておきたい。当然ここには労働分野独自の性格が内在している訳であり，これについて具体的に言及しなければならないが，これは後に詳しく述べることとする。

IV　福祉との関係

1．労働と福祉
　労働法の一つである雇用促進法を中心とした障害者雇用を考える場合，福祉分野との関係は重要である。
　福祉分野においては「障害者自立支援法」（以下，「自立支援法」という）が中心となる。特にこの法が規定する「障害福祉サービス」のなかの「就労移行支援」ならびに「就労継続支援」が労働法分野の規定する「職業リハビリテーション」との関係において重要である。以下，この二つについて述べる。

2．就労移行支援
　就労移行支援の自立支援法上の規定は下記のとおりである。

「第五条　14
　この法律において「就労移行支援」とは，就労を希望する障害者につき，厚生労働省令で定める期間にわたり，生産活動その他の活動の機会の提供を通じて，就労に必要な知識及び能力の向上のために必要な訓練その他の厚生労働省令で定める便宜を供与することをいう」（下線部筆者）

　上記を受けて障害者自立支援法施行規則では下記のように規定されている。

「第六条の八
　法第五条第十四項に規定する厚生労働省令で定める期間は，二年間とする。（以下略）」（下線部筆者）
「第六条の九
　法第五条第十四項に規定する厚生労働省令で定める便宜は，就労を希望する六十五歳未満の障害者であって，通常の事業所に雇用されることが可能と見込まれるものにつき，生産活動，職場体験その他の活動の機会の提供その他の就労に必要な知識及び能力の向上のために必要な訓練，求職活動に関する支援，その適性に応じた職場の開拓，就職後における職場への定着のために必要な相談その他の必要な支援とする」（下線部筆者）

　以上，法の趣旨を要約すると，「就労移行支援」とは，就労を希望しかつ雇用可能性の見込まれる65歳未満の障害者を対象に，2年という期間をかけて訓練を行い，求職活動や定着支援を行うものと言うことができよう。つまり福祉分野の法規定ではあるが実質は典型的な「(広義の) 職業リハビリテーション」機能と言える。

3．就労継続支援
　就労継続支援の自立支援法上の規定は下記のとおりである。

「第五条　15
　　この法律において,「就労継続支援」とは,通常の事業所に雇用されることが困難な障害者につき,就労の機会を提供するとともに,生産活動その他の活動の機会の提供を通じて,その知識及び能力の向上のために必要な訓練その他の厚生労働省令で定める便宜を供与することをいう」

　上記を受けて障害者自立支援法施行規則では下記のように規定されている。

「第六条の 10
　　法第五条第十五項に規定する厚生労働省令で定める便宜は,次の各号に掲げる区分に応じ,当該各号に定める便宜とする。
　一　就労継続支援 A 型
　　通常の事業所に雇用されることが困難であって,雇用契約に基づく就労が可能である者に対して行う雇用契約の締結等による就労の機会の提供及び生産活動の機会の提供その他の就労に必要な知識及び能力の向上のために必要な訓練その他の必要な支援
　二　就労継続支援 B 型
　　通常の事業所に雇用されることが困難であって,雇用契約に基づく就労が困難である者に対して行う就労の機会の提供及び生産活動の機会の提供その他の就労に必要な知識及び能力の向上のために必要な訓練その他の必要な支援」

　以上,法の趣旨を要約すると,「就労継続支援」とは,通常の事業所に雇用されることが困難な障害者を対象に,就労の機会を提供することであり,これには雇用契約に基づくもの(A 型)とそうでないもの(B 型)とがあると言うことができよう。

4．就労移行支援と就労継続支援の比較

以上，就労移行支援と就労継続支援を概観したが，両者の条文規定を比較するとこれらが対照的な機能になっていることが明確になろう。

前者は一定期間（2年）をかけて就職を目標に訓練をすることがその主な機能であるのに対し，後者は雇用に代わる継続的な就労の場を提供すること（労働保障）がその主な機能になっている。

就労支援がこのように「移行」と「継続」に分化しているのは歴史的にみると極めて重要である。もともと，就労移行支援事業も就労継続支援事業も旧法のもとでは戦後長らく「授産施設」として位置づけられていたものである。そしてこの授産施設には大きな問題点があった。それは，雇用に向けた訓練の場（つまり職業リハビリテーションの場）としてみると，その就職率は1～3％程度と極めて低く，一方，雇用に代わる労働保障の場としてみると，そこで得られる工賃は月額数千円～3万円程度と極めて低いものであったという点である。このように雇用に向けた訓練の機能としても，雇用に代わる労働保障の機能としても極めて低い水準にあったのは，授産施設が両方の相矛盾する機能を担って，結果的にどちらの機能も中途半端になっていたというところに原因があると考えられていた。このたび，障害者自立支援法の元でこの二つの機能が分化され，前者が「就労移行支援」として，後者が「就労継続支援」として整理されたのは戦後長らく続いていた授産施設機能の議論に一応の決着をもたらしたといえよう。

V　教育との関係

次は教育との関係である。ここではまず，特別支援学校高等部における卒業生の進路開拓との関係が当然ながら重要である。ただ，特別支援学校卒業生が療育手帳所持を前提に障害者雇用の枠で企業に就職していく流れ，あるいはシステムは一応全国的に確立されていると言えよう[注2]。もちろ

ん，実際の就職率が満足すべきものかどうか，あるいは定着支援はどこが担っていくべきかなど，まだまだ議論すべき問題は残っていると言えるだろうが，発達障害者の場合むしろ別の側面からの検証が一層重要かと思われる。

　それは，発達障害者のなかでも精神遅滞を伴っていない人の場合は，特別支援学校を通過せず，一般の高校や専門学校，あるいは大学等に進学していることもめずらしくないという点である。実はここに一つの大きな問題が横たわっている。それはこのような進路に進んだ人の多くがこれまで何となく周囲の人々との付き合いなどで違和感を感じていても，発達障害という明確な認識がないまま，周囲との不調和に悩み，場合によってはいじめなどにあってきているという点である。最近はマスコミなどを通じて発達障害に関するさまざまな情報が社会的に流通するようになったため，このような情報から「もしかしたらうちの子は……？」あるいは「もしかしたら僕は……？」といった疑問を自らもって相談機関や医療機関に登場する人も多くなってきたと感じられるが，まだまだ適切な診断と支援が得られず社会的に孤立している人は多いようである。筆者の経験でも高校生，大学生はもちろん，30歳，40歳を過ぎて初めて相談機関にたどり着いたという人はめずらしくない。これらの人々は障害児教育を受けず，障害の自覚もないまま社会に出ているために，離転職を繰り返したり，ひきこもりや家庭内不和（時には暴力）が慢性化している場合も少なくない。さらに

　注2）学卒者を就職につなぐ一般的なシステムについては以下のとおり。
　職業安定法
　「第二十六条　②
　　公共職業安定所は，学校が学生又は生徒に対して行う職業指導に協力しなければならない」
　「第二十七条
　　公共職業安定所長は，学生生徒等の職業紹介を円滑に行うために必要があると認めるときは，学校の長の同意を得て，又は学校の長の要請により，その学校の長に，公共職業安定所の業務の一部を分担させることができる」

は精神面での健康を崩し二次障害というべき状態になっている人も一定程度存在する。このように教育との関係では，一般の学校に進学した発達障害児者の在学中および卒業後の支援が緊急焦眉の課題と言えるが，障害の自覚がなければ直接的支援は事実上困難であり，さらなる社会的啓発活動が望まれるところである。

　なお，本章の守備範囲からはずれるため詳しい言及は避けるが，上記のような問題の根底には早期発見，早期療育の未整備（または自治体による格差）があると言える。そしてこれは医療から教育を経て福祉あるいは職業へという一連の流れを整備していく起点となる問題である。

VI　雇用促進法を中心とした法制度

1．前提としての障害者手帳制度

　雇用促進法による諸制度の前提には，いわゆる障害者手帳制度がある。現行制度では，知的障害，身体障害，精神障害のそれぞれについて，障害者手帳が存在している。発達障害の人に関係するのは知的障害の人に交付される療育手帳である[注3]。

　ただ，ここで問題なのは療育手帳は元来，知的障害の人を対象とした手帳であるため，発達障害であっても高機能自閉症のように知的能力に問題がないと原則として手帳交付の対象外となってしまう点である[注4]。先に述べたように，障害児教育を受けることなく就職しながらもうまくいかず，社会的にも孤立している人々にはこの手帳非該当者が多いと推測される。

　注3）知的障害者の手帳（療育手帳）はその名称や等級表示が自治体によって多少異なる。例えば名称（通称）が「愛の手帳」などと呼ばれていることもある。

2. 障害者雇用率制度
1) 概要

　現在の日本では雇用促進法によって、民間企業の場合なら、その雇用している労働者の2.0％（平成25年度現在）の障害者を雇用することが義務づけられている。いわゆる障害者雇用率制度であり、具体的には以下のとおりである。

- 民間企業：2.0％
- 国，地方公共団体，特殊法人等：2.3％
- 都道府県等の教育委員会：2.2％

　以上の障害者雇用率のカウントの対象となるのが原則として障害者手帳の所持者である。したがって先に述べたような手帳に該当しない発達障害者は企業に雇用されていても企業はこれをカウントできないのが現状である。
　さて、この障害者雇用率制度は誤解の多い制度である。ここでは、この誤解を企業からの疑問に答える形で解きほぐしていこう。

2) 疑問例1
　「障害者の雇用は企業の社会貢献として重要なのは理解できるが、だからといって社会貢献を法律で強制するというのはおかしいのではないか」

　　　注4）これについてはいくつかの自治体では、知能指数が75（一般に知的障害があるとされる基準値）を超えても一定数値以下であり、しかも発達障害の診断があれば、療育手帳交付の対象としているところもあるが、当局によれば、いずれも非公式の制度運用とのことであり、ここで具体的に述べることは避ける。なお、さらに知能指数が高い場合は精神障害者保健福祉手帳の対象と認められる場合もある。
　　　　その後、本書出版時点では、発達障害者が精神保健福祉手帳の対象になることは一般化している。

企業の立場としてはもっともな疑問ではないだろうか。

たしかに障害者雇用を企業の社会貢献という認識のもとで推進している企業は少なくないし，これは必ずしも間違いとは言えない。しかし，社会貢献としてのみ認識すると，上の疑問，つまり社会貢献を法律で強制するというのはおかしいのではないかという疑問は当然生じる。もとより企業の社会貢献活動は障害者の雇用にとどまらず，エコ活動，芸術文化の擁護など極めて多岐にわたるものであり，それも法の強制によらず各企業の自発的意思によってなされているからこそ社会貢献といえるものである。

ではなぜ障害者雇用は法的強制を伴っているのか。そのためには社会貢献とは別の側面に着目する必要がある。それは一言で言えば，競争条件の平等化という側面である。このことを具体的に述べるために雇用率を導出する式を点検してみよう。以下の式である。

$$障害者雇用率 = \frac{身体障害者または知的障害者である常用労働者数 + 失業中の身体障害者または知的障害者数}{常用労働者数 - 除外率相当労働者数 + 失業者数}$$

この式は一見複雑だが，その意味するところはわりと単純である。労働市場における労働者と失業者のなかに身体または知的な障害のある労働者と失業者がどのくらいの比率で存在するかを示したものである[注5]。そしてこれが雇用率の数値と規定されているのである。言い換えれば「これは，身体障害者又は知的障害者について，一般労働者と同じ水準において常用労働者となり得る機会（同時に，<u>一般労働者と同じ水準で失業することもやむを得ない。</u>）を与えることを意味するものです」となる（下線部筆者）[注6]。つまり労働市場において障害のある人にも，障害のない人と同水準の雇用機会を提供しようとするものであり，労働市場における競争条件の平等化を目指したものと言える。労働市場において障害者が障害ゆえに理不尽な競争を強いられることがないように，障害の有無にかかわらず労働市場において公正な競争がなされるようにするための市場介入措置とも言える。

まさに雇用促進法が労働法分野のなかで労働市場法と分類される所以である[注7]。決して障害者を優先的かつ救済的に雇用しようとするものではないのである。そしてここに上の疑問に対する回答がある。市場で公正な競争が実現されるようにするための措置だからこそ法的強制が許容されるわけである。企業の有する「採用の自由」に対する合法的制限とも言える[注8]。

以上のように，社会貢献としての障害者雇用というのは決して間違いではないが，競争条件の平等化（あるいは雇用の機会均等化）を目的とした市場介入という概念によって初めて法的強制の正当性が説明できるのである。先（148ページ）に「労働分野独自の性格が内在している」と述べたが，それは特にこの点を指す。さらに冒頭（145ページ）に述べたことに呼応させれば，労働市場においては発達障害者も「障害の有無にかかわらず存在するさまざまな求職者」の一員として労働市場という競争の場に赴く一人の求職者なのである。ただその競争が障害ゆえに一方的に不利になることがないように，法が一定の規制を行っているというべきものである。

3）疑問例2

「障害者を雇用することにやぶさかではないが，雇えないからといって罰金まで取るというのはいかがなものか？」

注5）ここでは話の単純化のために「除外率相当労働者数」に言及していないが，これは障害のある人が従事することが一般的に困難と考えられる職務に従事する労働者数をあらかじめ分母から控除するものである。
注6）独立行政法人高齢・障害者雇用支援機構　編：障害者雇用ガイドブック平成19年版. 独立行政法人高齢・障害者雇用支援機構, 2007.
注7）野川忍：新訂　労働法. 商事法務, 2010, p.399.
注8）「障害者雇用促進法は，事業主に対して，社会連帯の理念から，一定の雇用率に達する人数の障害者を雇用すべき義務を課している。この障害者雇用率制度によって，企業は労働者採用にあたっての選択の自由を一定限度で制限されている」
　　菅野和夫：労働法　第九版. 弘文堂, 2010.

これももっともな疑問と言えよう。まず重要なのは「罰金」は刑法上の刑（刑法第15条）だということである。雇用促進法は決して刑罰によって威嚇的に障害者雇用を強行しようとするものではない。それでは納付金とは何なのか、ということになるが、これに答えるには納付金の法的性格をよく理解する必要がある。納付金は雇用率未達成企業が不足1名当たり月額5万円を徴収されるものである。この納付金は独立行政法人高齢・障害・求職者雇用支援機構を介して雇用率達成（超過）企業へ調整金，報奨金として流れていくものである。雇用促進法の理念のとおりまさに「社会連帯の理念に基づき（法第五条）」事業主の「共同拠出」としてこれがいったん高齢・障害・求職者雇用支援機構にプールされ、雇用率超過企業に流れていく仕組みになっているのである。つまり企業間の経済的負担を平等化するための企業同士の助け合い制度といっても良いものである。これが「罰金」ではない所以である。
　なお、障害者雇用の勧告に従おうとしない事業主の公表も「刑」ではないため、「社会的制裁」などと表現される。

VII　制度論まとめ

　以上，福祉，教育，労働と各分野をかなり分断して概観してきたので，ここで簡単なまとめを行っておくことにする。
　まず、障害者手帳制度を前提に障害者雇用率制度がある。特別支援学校高等部や就労移行支援事業を経て雇用率制度の枠で企業に就職していく流れが一つある。ここでは障害のある人も本質的には一求職者であり、労働市場での競争をすべて免除されているわけではないという点が肝要である。
　一方、企業への就職を選択しない（あるいはその機会が得られなかった）人には就労継続支援事業（A型，B型）が用意されており、これが雇用に変わる労働保障、あるいは雇用に対するセーフティーネットとして位置づけら

れていると整理できよう。もちろん現実がこのとおりに機能しているかは問題であるが，現行制度が目指しているのはこのようなシステムであるといって差し支えないだろう。

　以上のシステムを前提に発達障害の人の職業リハビリテーションを考えると，二つの問題が指摘できる。第一は障害者手帳に該当しないとこのシステムから外れてしまうという点である。第二は仮に障害者手帳に該当するレベルだとしても，早期発見，早期療育から教育，職業へと向かう一貫した流れが十分整備されていないため（制度上も支援技術の点でも），健やかな発達を阻害されたまま社会に出ざるをえない状況にあるという点であろう。これは医療，教育，福祉，労働の各分野を横断している問題でもある。

VIII　労働市場における発達障害者とは？

　ここでは発達障害者を他の障害者のなかに位置づけながらその特徴を述べる。障害者を分類する場合，一般的には知的障害者，身体障害者，精神障害者という分類がある。しかし，この分類では発達障害者を正確に位置づけることは難しい。先述のように精神遅滞を伴っていない人などはこの分類ではうまくあてはめられないからである。そこで発達障害者を特に職業上の障害という視点からその特徴を確認してみる。

　第一は，障害者を「制度内障害者」と「制度外障害者」に分類した場合，発達障害者はその双方に該当するという点である。先述のとおり，精神遅滞を伴っていれば療育手帳に該当し「制度内障害者」になりうるが，そうでないと「制度外障害者」になってしまう場合もある。かってはてんかんや高次脳機能障害の人なども「制度外障害者」であった。

　第二は，原則として「採用前障害者」（採用される前に既に障害があった人）だという点である。これは採用後，病気や怪我などで障害者になった「採用後障害者」に対置される概念である。ただ，発達障害者の場合，障

害の認識なしに就職し，後から障害に気づいたという人もめずらしくないため事態を複雑にしている。

　第三は，他者からわかりにくい障害だという点である。そういう点では高次脳機能障害やうつ病の人と共通性がある。

　第四は，コミュニケーションの障害だという点である。そういう点では聴覚障害，視覚障害，言語障害，高次脳機能障害の人と共通性がある。

　発達障害者というのは労働市場においては以上のような特徴を持った求職者なのである。

　さて，ここでは特に第三，第四の特徴に着目してみる。つまり，他者からわかりにくいコミュニケーションの障害だという点である。これは社会生活上，誤解を受けやすい障害であることを意味する。このことから本人，家族はもちろん支援者もいかに社会に理解を求めるかという点に努力を傾注することになる。そのため求職活動という局面においては，いかに企業の理解を得るかという点が決め手になると考えがちである。これは当然とも言えるが，企業との関係ではなかなか微妙な問題をはらんでいる。というのも企業にとっては応募してきた発達障害者は発達障害者である以前に一人の応募者だからである。例えば一応募者が一般の採用面接で「私のことを皆さんが理解してくださったら，私もこの会社で立派に戦力になれると思います」などと言うことはまずないであろう。もし言ったとしたらこの人は多分採用にはなるまい。当たり前のことだが，発達障害者も一応募者である以上，会社との関係においては，できないことの理解を求める前に貢献できることの訴求力が求められているのである。「できないこと」を数え上げるのではなく，「できること」を数え上げるのはリハビリテーションの基本でもある。これを忘れてまず理解を求めるというのは一応募者としてはいささか不利な作戦といわざるを得ない。

　以上は1つの例であるが，一般的に発達障害者の職業リハビリテーションにあたっては，支援者は「発達障害者」を「発達障害のある求職者」としてとらえ，その特徴を上記のように職業的視点から整理し，これらが不

利な方向に作用しないように支援していく感覚が求められる。

IX　おわりに

　以上，発達障害者の職業リハビリテーションを，特に「障害の有無にかかわらず存在するさまざまな求職者」の一員という視点から論じてみた。当然ながら，就職してしまえば「発達障害者」も「発達障害者」である以前に「一社員」なのである。就職後に自然とこのような感覚がもてるようになるには，就職前から自分が「発達障害者」である前に社会において何者であるかをきちんと認識している必要がある。「発達障害者」である前に一人の求職者，勤労者，あるいは一人の学生等々，社会のなかでの自己像が確立されていることは大変重要である。

　このようなことを強調するのは，特に最近，この社会のなかでの本来の自己像をどこかに置き忘れて，自分を（あるいはわが子を）何よりもまず「発達障害者」としてのみ強く意識している人が目立つようになったと感じるからである。これは発達障害に関する情報が社会的に広く流通するようになったことも一因かもしれない。いずれにしろ，このように自己像の中核が「発達障害者」という状態のままで企業と出会うと，そこには極めて大きな齟齬が生じる危険性もある。繰り返し述べてきたように，企業にとっては「一応募者」だからである。

　職業リハビリテーションに携わる者としては，上記のような齟齬が職業的自立を目指すにあたって大きな「障害」になる可能性があることは少々強調しておきたいところである。そしてこのような齟齬を予防的に回避し，発達障害者の社会的自立とノーマライゼーションを推進していくには以上のような視点からの論考もまた意義があるのではないかと考えた次第である。

第9章

高等専門学校における特別支援教育と就労支援

松尾　秀樹（佐世保工業高等専門学校）

I　高等専門学校における特別支援教育

1．高等専門学校について

　高等専門学校（以下，高専）は，中学卒業後，5年間一貫教育を行い，実践的・創造的技術者を養成することを目的とした高等教育機関で，現在，全国に，国公私立合わせて57校あり，全体で約6万人の学生が学んでいる。高専は，1950年代の半ば，高度成長の真っ只中にあった日本において，目を見張るような進歩を遂げている科学技術にすぐに対応できる技術者を育てる必要が生じたため設立された教育機関で，その後，半世紀の間に多くの卒業生を送り出してきている。

　現在，社会の状況の変化に応じ教育システムの改善も行われ，すべての高専において5年間の後に2年間の専攻科が設置されている。5年間の準学士課程を終えた学生の約6割はそのまま就職するが，残りの4割は2年間の専攻科あるいは大学で学んで学士となり，さらには大学院へと進学する学生もいる。

　高専は高等教育機関であるため，「生徒」とは呼ばず「学生」と呼ぶことになっている。また，教員も，教育と研究の両方を行うことが求められていて，大半の高専では，教員は個別の研究室が与えられ，高校のような職員室はない。しかし，中学校を卒業したばかりの学生を受け入れるため，

高校と同じように，クラス担任を各クラスに配置して，クラス担任が中心となって，学生に対する個別相談・指導を行っている。また，ホームルームの時間も設置され，クラス担任がクラス全体に対する連絡や指導などを実施している。クラスの学生の保護者への連絡や面談も担任が中心に行っている。高専は，高校生から大学生までの年齢（16歳〜22歳）の学生を抱えており，高校と大学の両方の側面を持っていることが大きな特徴である。

2．高専と発達障害の学生との関係

1）発達障害学生数

表1，表2，表3は，独立行政法人日本学生支援機構の調査（2008, 2009）の結果である。この調査結果によると，全国の高専（公立，私立も含む）には，2007年度には35名，2008年度には51名の発達障害の学生が在籍していることがわかっている（医師の診断があるもの）。2008年度分については，確定診断はついていないが配慮がなされている学生数の調査結果も公表され，62名となっている。高専生全学生に占める発達障害の学生の割合は，それぞれ約0.06%（2007年度），約0.09%（2008年度）であるが，確定診断のついていない「疑い」のある学生も含めれば，ある一定の割合で発達障害の学生が在籍していると言える。

また，文部科学省の調査によると（2010），高校進学者については，2.2%程度の生徒に自閉症や学習障害（LD）などの発達障害があるという結果が出されている。2.2%のうち，全日制は1.6%で，定時制は14.1%，通信制では15.7%，という数値を出しているが，高専でも同じように2%かそれ以上は，発達障害の学生が潜在的に存在するであろう。

表1，表2にあるように，高専において確定診断がついている学生の数は，2006年度の13名から2007年には35名に，2008年には51名に大幅に増加しているが，これは，2005年に発達障害者支援法が施行されたことや，2007年から小・中学校で「特別支援教育」が始まったことと関係があ

表1　発達障害の学生数（2007年度）（独立行政法人日本学生支援機構, 2008）

	大学	短大	高専	計
LD	15	0	4	19
ADHD	21	0	5	26
高機能自閉症等	103	4	26	133
計	139 (108)	4 (6)	35 (13)	178 (127)

（　）は2006年度

表2　発達障害の学生数（2008年度：診断書あり）（独立行政法人日本学生支援機構, 2009）

	大学	短大	高専	計
LD	27	0	4	31
ADHD	35	1	13	49
高機能自閉症等	175	10	34	219
計	237	11	51	299

表3　発達障害の学生数（2008年度：診断書無，配慮あり）（独立行政法人日本学生支援機構, 2009）

	大学	短大	高専	計
LD	26	6	3	35
ADHD	99	11	5	115
高機能自閉症等	295	16	54	365
計	420	33	62	515

ると考えられる。全日制高校でも，1.6％の発達障害の生徒が進学していること，高専は全日制高校以上に発達障害の受け皿になっている面があることなどを考えると，今後は，入学前に診断を受けた学生が高専に入学してくるケースがますます増えてくると思われる。

2）高専に発達障害の学生が多いと考えられる理由

　高専には全日制高校以上に発達障害の学生が多いのでは，と考えられる理由としては，次のようなものが挙げられる。

　まず，第1点目として，高専には男子学生の割合が多いことが挙げられる。自閉症の男女の比率は4：1ということが言われている，能力が高いグ

ループのほうが男性の比率はさらに高いとされていて，アスペルガー症候群に至っては，男女比は 15：1 のレベルまで達すると言われている（フリス，2008）。したがって，男子学生の割合が多い場合，高機能自閉症やアスペルガー症候群の学生が在籍する確率もそれだけ高くなると言える。

　第 2 点目として，発達障害の中学生から見て，高専は，「自分に合っている」とか「どことなく過ごしやすそう」という印象があることが関連していると思われる。自閉症スペクトラムの生徒・学生は，数学や理科が得意であったり，コンピュータに親和性をもっているため，進学先として「自分にあっている」ということで，高専を選ぶ傾向にある。また，普通高校は，規則などが「きっちり」している面があるのに対し，高専はどちらかというと，規則の面は緩やかで，また学校行事も高校ほどは多くなく，集団で一緒に行動しなければならないことが高校ほどではないことなどから，「どことなく過ごしやすそう」という印象を持たれるようである。

　第 3 点目として，高専には寮があることも関係していると思われる。発達障害の学生は，多かれ少なかれいじめを受けた経験を持っており，地元から離れたところ，中学校時代の同級生がいない学校へ進学をしていじめから逃れたい，と考えて，寮のある高専を選んでいるケースがある。また，そういった学生の保護者も，寮に入れたらコミュニケーション力がアップできて人間関係の改善ができるのではないかと思っている場合がある。

　そして，第 4 点目として，高専の入試問題の形式も影響していると考えられる。高専の入試は，全国統一の試験であることから，記述式の問題がほとんどなく記号で解答できるため，文章を書いたりするのがとても苦手な LD 傾向の学生でも，入試の段階ではわからないことが多い。

　以上のようなことから，高専には，「疑い」のある学生も含め，発達障害の学生が，一定の割合で在籍し，今後も入学してくる可能性が高くなってくると思われる。

3）法律上の規程

　発達障害者支援法の第8条第2項には，「大学及び高等専門学校は，発達障害者の障害の状態に応じ，適切な教育上の配慮をするものとする」と書かれており，文部科学省が2005年（平成17年）の4月に出した通知「発達障害のある児童生徒等への支援について」（17文科初第211号通知）にも，「大学及び高等専門学校における教育上の配慮」として「発達障害のある学生に対し，障害の状態に応じて，例えば，試験を受ける環境等についての配慮や，これらの学生の学生生活や進路等についての相談に適切に対応する等の配慮を行うこと」いう通知がなされている。したがって，高専においては，発達障害の学生の対応は，避けて通れない大きな課題となってきていると考えられる。

3．高専で問題となる発達障害

　高専で問題となる発達障害の問題を，大まかに，学習上の問題，生活上の問題，就労上の問題の3点に分けて見てみる。

1）学習上の問題

　高専に在籍する発達障害の学生に関して，学習上の問題点としては以下のようなものが挙げられる。「実験のレポートがまとめられない」「提出物が期限どおり出せない」「課題をよく忘れる」「授業中のノートがまとめられない」「特定の教科ができない」「全部の教科で成績不振である」「授業中の指示をちゃんと聞いていない」「居眠りが多い」「授業中お喋りが多い」「確認のために何度も質問をするため教科担当教員をイライラさせる」などが挙げられる。これらの問題は，学業成績不振へとつながり，結果的には，留年や中途退学へとつながりかねない問題である。また，本人にはそういった問題を問題と感じていない場合もあり，自己認知がちゃんとできていないことが問題である場合もある。

2）生活上の問題

　学校生活上の問題点やトラブルとしては以下のようなことが挙げられる。「言葉を字義どおり受け止める」「いじめや嫌がらせを受ける」「思っていることをストレートに言ってしまうため人間関係のトラブルが起きる」「急な予定の変更に対応できない」「整理整頓ができない」「挨拶ができない」「友だちがいない」「いつも一人きりである」「いつもゲームをしている」「感情のコントロールがうまくできなくてパニックや癇癪を起こす」「感覚が過敏」などである。いじめの問題などは，自己評価の低下を招き，二次的な情緒障害を引き起こす可能性があるために，学校側が早めに気づいて対応すべき問題である。ただ，発達障害の学生が，常にいじめの被害者であるとは限らず，注意欠陥多動性障害（以下，ADHD）の学生がいじめの加害者側に回ったり，自閉症スペクトラム障害の学生が，ネット上で他人を攻撃する，という事例もあるようである。

3）就労上の問題

　就労上の問題としては，「面接試験で聞かれたことにちゃんと答えていない」「何となく変わっている」ということで，なかなか入社試験に合格できない，などの問題が発生する。また，発達障害を持つ学生で自己理解が進んでいない場合，「通常教育を卒業した」ことによって，「障害ではない」つまり「健常である」という思いを強く持つ傾向がある，という問題点も指摘されることがある（独立行政法人国立特別支援教育総合研究所，2005）。そのような思いを支えに学校を卒業した場合，職業選択は通常の学生と同様に行おうと考える傾向がある。しかし，何か特異な能力があり，それを社会のどこかで役立たせることができれば，就労が継続できるであろうが，多くの職業で重要なのは実は人間関係で，持っている技能や知識は二の次のことが多いと言われている（福田，2007）。したがって，発達障害のある高専生の場合，うまく就労できても，コミュニケーション上のトラブルのため，離職するケースが潜在的に多いのではないかと考えられている。

就労上の問題については，別項で，詳しく言及することにする。

4．支援を行うために
1）理解の促進
　発達障害の学生の対応には，まず，発達障害に対する教職員の理解と協力が必要だと思われる。理解が進んでいなければ，さまざまな誤解や不必要なトラブルも生じやすくなる。
　「『発達障害』ってどこの発達の障害？」「『自閉症？』，でも，ちゃんと喋るじゃない？」「そういう『ひきこもり』のことはわからない」「薬などで治療すれば治るのか？」「最近，確かに『高次脳機能障害』の問題がクローズアップされていますよね」。これらは，筆者が，実際に質問を受けたり，言われたりしたことのある言葉である。「発達障害」「自閉症」「高機能自閉症」などがどういうものなのか理解が不充分なために生じる誤解である。
　「特別支援教育とは，発達障害の学生に対する支援のことを指すのではなかったの？」。これも，筆者が，実際に受けたことのある質問である。「特別支援教育」と「発達障害」ということが前面に出るあまり，特別支援教育の対象は，発達障害の生徒・学生のみであるかのような印象を与えてしまっているようである。しかし，特別支援教育の対象としては，発達障害も含めるものの，従来の身体などの障害の学生も，当然，支援の対象となるのである。

2）支援組織の整備
　「負担が増す」。これも，発達障害の学生の対応に関して，よく聞く言葉である。確かに，発達障害の学生の対応には大きなエネルギーと多くの時間が必要なことがあり，関わる教職員に多大な負担がかかることがある。しかし，発達障害のある学生の対応や支援は，その学生のクラスの担任，または支援の中心となっている教職員が，一手に抱え込むべきではないし，

またはそのような教職員に「丸投げ」すべきでもない。そのためには委員会などの組織が必要になってくる。教職員が，情報交換や情報共有を行って連携を図り，一部の教職員に過度の負担がかからないようにすることが必要である。規程や支援組織を整備し，学校全体で行えるような支援体制を構築し，どのような配慮・支援を行っていくか情報交換をして方針を立て，教職員が共通認識をもって支援を展開することが必要である。支援対象学生が卒業したら，せっかく作り上げた支援体制が役割を終えてしまう，または，支援対象にするべき学生が入学するたびに，ゼロから体制を構築しなければならない，何年かごとに最初からやり直すというのでは，非常に無駄の多いことで大変である。

　肢体不自由・聴覚障害・視覚障害などの障害学生が在籍している場合，各学校では，何らかの委員会で対応を検討されていると思われる。そういった組織と別に特別支援教育を推進する組織を立ち上げるのではなく，障害学生に対応する既存の組織があれば，その組織のなかに，特別支援教育を推進する機能を持たせることが，多忙化する校内の状況を考えると，現実的な対応策ではないだろうか。

3）特別支援教育の理念

　「特別支援教育」とは，理念上では，「特別支援教育は，特別の学校や特別の教育や特別の場面だけで取り組まれるものではなく，全ての学校で，通常の学級のなかでこそ，普通に取り組まれるもの」（宮崎，2009）となっていて，「障害のあるなしにかかわらず，個々のニーズに応じた教育・個々の実態を理解した対応」が求められている。広く捉えれば，「特別支援教育」とは，全生徒・全学生を対象としているとも言えるのである。

・ハローワーク ・長崎障害者職業センター	・ハローワーク ・くしろ・ねむろ障がい者就業・ 　生活支援センター「ぶれん」
・長崎大学医学部保健学科作業療法専攻 ・長崎県教育委員会特別支援教育室 ・長崎県教育センター	・北海道教育大学釧路校 ・釧路市学校教育部 ・北海道教育委員会釧路教育局
・大村共立病院 ・長崎リハビリテーション学院 ・発達障害者支援センター「しおさい」	・堀口クリニック ・釧路市福祉部、こども保健部 ・発達障害者支援センター「きら星」
・桜が丘養護学校／佐世保養護学校 ・鹿町工業高等学校	・釧路養護学校、白糠養護学校 ・中標津高等養護学校
・長崎県自閉症協会／発達支援 ing ・特別支援教育 "with"	・釧根地区 LD・ADHD・PDD 懇話会 ・北海道特別支援教育学会根釧支部 ・発達障害者支援センターを作る会 ・自閉症の理解を深める会

図1　連携を取った外部機関

5．佐世保高専での取り組み

1）概要

　佐世保高専は，釧路高専と共同で，文部科学省が公募した「新たな社会的ニーズに対応した学生支援プログラム」（学生支援 GP）に，「高専での特別支援教育推進事業」を申請し，採択され，2007年の11月から2009年の3月末にかけ，「修学支援」「生活支援」「就労支援」の3つの柱を中心に事業を展開した。事業終了後も特別支援教育の実践は継続しているが，学生支援 GP で得られた成果は大きく，日々の実践のなかに生かされている。参考までに，学生支援 GP 事業中に連携を取った学外機関を図1に示す。

　佐世保高専では，教務主事（副校長）を責任者とする「特別支援教育部会」という委員会を設置し，定期的に部会を開催し，図2のような支援の

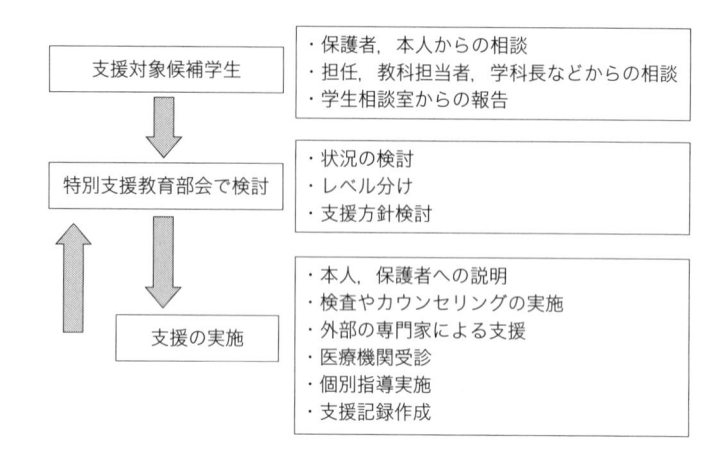

```
支援対象候補学生 ─→ ・保護者，本人からの相談
                    ・担任，教科担当者，学科長などからの相談
                    ・学生相談室からの報告

特別支援教育部会で検討 ─→ ・状況の検討
                        ・レベル分け
                        ・支援方針検討

支援の実施 ─→ ・本人，保護者への説明
              ・検査やカウンセリングの実施
              ・外部の専門家による支援
              ・医療機関受診
              ・個別指導実施
              ・支援記録作成
```

図2　佐世保高専における支援の流れ

流れをその都度点検し，検討し，改善している。佐世保高専の場合，支援の対象は，必ずしも発達障害の診断がついている学生に限らず，発達障害の疑いのある学生，その他「気になる」学生，肢体不自由の学生など，身体上の障害のある学生なども支援の対象としている。

　学生支援 GP の取り組みでは，2007 年度は，5 名の学生に焦点を当てて個別の支援を手厚く行ったが，2007 年度末の外部の専門家を交えた学生支援 GP の評価委員会で，外部評価委員より，階層的な支援（すべての学生を対象にした特別支援教育，気になる学生を対象とした特別支援教育，個別の指導が必要な学生に対しての特別支援教育）の取り組みの必要性について助言を受けた。そのため，2008 年度においては，全学生を対象に，レベル 1・レベル 2・レベル 3 という 3 つの階層に分けた支援を実施した。レベル 2 とレベル 3 の支援対象の学生は，必ずしも発達障害の疑いがある学生ばかりではなく，メンタル的な面，学業上の面で「気になる」「支援が必要である」ということで，支援対象にした学生もいる。GP 事業終了後の 2009 年度以降も，この階層的支援の理念を継続させ，図 3 のように，「すべての学生」「気

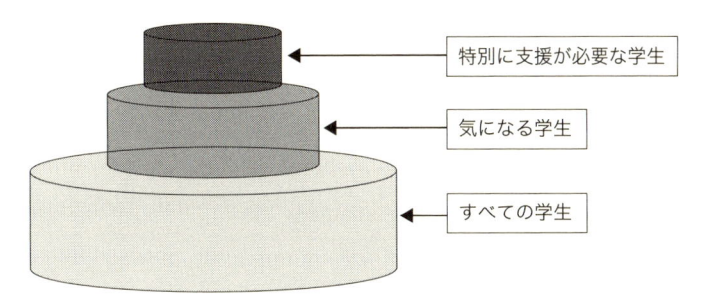

図3　3つの支援階層のイメージ

になる学生」「特別に支援が必要な学生」の3つの階層に分けて，特別支援教育の実践を続けている。「気になる学生」のレベルの支援対象の学生は，自分が教職員の「見守りの対象である」などの支援対象になっていることを知らない場合もある。以下，階層ごとの支援の簡単な概略を説明する。

2）階層的支援
　①すべての学生
　障害のある学生に対する理解促進，学級作り，外部の専門家による学生対象の講演会の実施（ストレス・マネジメント，人権問題，ソーシャルスキル，自殺予防など），授業評価の実施などによる授業改善，指導法の工夫（視覚的補助やプリントなどを活用），補講や個別指導の実施，などがこの階層の支援に含まれる。
　②気になる学生
　特別支援教育部会において「気になる」ということでピックアップされた学生である。担任，学科長，教科担当者，学生相談室長，カウンセラー，看護師，学生寮担当者などのメンバーによる定期的な個別指導，面談，声かけ，見守りなどの支援を行う。特別支援教育部会において定期的に状況を確認し，支援の必要がないと判断されれば，支援対象から外すこともある。

③特別に支援が必要な学生

個別の指導が必要な学生に対する支援である。学校内部の関係教職員に加え，体育の授業や実験に入り補助を行ってもらう教育支援員や，外部専門家（特別支援教育アドバイザー，精神科医，作業療法士，カウンセラー，地域支援コーディネーター，障害者職業センター担当者，発達障害者支援センター担当者，ハローワーク担当者，オプトメトリスト）なども加え，各外部専門機関や保護者と連携しながらきめ細かな支援をしている。また，支援チームも「特別支援教育部会」とは別途に作り，関係者による支援会議も適宜開催している。

6．高専で特別支援教育を展開するうえでの課題

1）教職員間の温度差

高専で特別支援教育を展開するうえでは，小学校・中学校とは違った課題に直面することがある。「義務教育ではない」「学生が選び，入学試験で選抜して入ってきている」ということで，「そこまで支援や配慮の必要があるのか」という意識が教職員側にある場合がある。「障害観」や「人権意識」の違いのため，教職員の理解・協力に温度差があったり，教員は個別の研究室を持ち職員室がないため，教職員間で共通認識を持つことが難しかったりする場合もある。これに対しては，FD（Faculty Development）などの啓発活動に地道に取り組み，学内の理解者をすこしずつ増やしていくしかない，としか言えないかもしれない。また，校長をはじめ教務主事・学生主事・寮務主事など，管理的立場の教員の理解やリーダーシップは必ず必要だと思われる。

2）成績評価の問題

次に，成績評価の問題が出てくる。高専は，日本技術者教育認定機構のJABEE（Japan Accreditation Board for Engineering Education）といって，大

学・高専などの高等教育機関で実施されている技術者教育プログラムが，社会の要求水準を満たしているかどうかを審査され評価される対象となっているため，学生の到達目標を下げることができないという課題も抱えている。学業不振の発達障害の学生に，どこまで成績を配慮するか，常にJABEEとの絡みで問題になってくる。一般に，「合理的配慮」というものがあり，支援を行うにしても限界はある，と言われている。また，「到達目標は変えずに，評価方法を工夫する」というのも大原則だと言われている。学生の特性に合わせて，評価の方法を工夫することはあるとしても，評価基準までが変わってしまうことは望ましくない，と言われている。

3）本人や保護者の問題

　3番目として，本人や保護者の問題がある。本人も保護者も認知できている場合は，保護者が支援に参加できるので，支援は行いやすいし，支援が必要ない場合さえある。難しいのは，本人はともかく，保護者も，わが子が，発達障害の問題を抱えていると認識していないケースである。また，親子で同じ傾向を持っているケースも多い。本人の側も，多感な思春期のため，他の学生と区別され支援を受けることに対する抵抗感がある場合もあるし，加齢変化や二次的な障害などにより発達障害かどうかの見極めが難しい場合もある。また，保護者が認識していても，周りの学生にはわからないようにしてほしい，とか，関係の教職員だけに情報は留めておいてほしい，と言われる場合もある。こういったケースの場合，学校側は対応にとても苦慮する。

4）アプローチのタイミング

　誰がどのタイミングで保護者や本人に伝え支援を行うか，医療機関など外部の専門機関にかかってもらうことを勧めるか，という問題がしばしば発生する。タイミングとしては，人間関係のトラブルや学業成績上の問題点が発生した時点が，学校側と保護者と学生本人とが，話し合うタイミン

グであると思われる。また，まずは，スクールカウンセラーなど外部の専門家から保護者に，本人の特性やトラブルの対処法，学校として取り得る改善策などを説明してもらうほうが，保護者は受容しやすい場合もある。本人が発達障害に気づいていない場合は，本人の自己認知が進むように取り組むのも，学校教育としての役割であると考えられる。

5）心がけておきたいこと

　発達障害のある学生への対応としては，「完璧を期すよりも，改善をする姿勢」というのが大事ではないかと思われる。発達障害のある学生の対応には，かなりのエネルギーと時間を要するし，また，支援を行っても必ずしもうまくいくとは限らない。また，発達障害のある学生は，その特性のため，周りの気配りや親切心を読み取れない場合があるため，支援を行っても，手応えが感じられないこともある。しかし，だからといって，「何もやらない」ではなく，「今できることを，試行錯誤を重ねながら行い，改善する姿勢」が大切だと思う。点検と改善を繰り返しながら，支援を長く行うことが必要だと考えられる。「発達障害とは，明らかに自らの責任で子どもたちが受けたものではない。それをきちんとサポートするシステムこそ，歴史の進歩である」（杉山，2007）という言葉があるように，サポートするシステムがどこの教育機関でも徐々に構築されていくことを願ってやまない。

II　就労支援

　本節では，発達障害と就労の問題にポイントを絞り，具体的な事例を交えながら述べてみたい。

1．発達障害の学生が直面する現実

　「X県のY社の就職試験を受けましたが，落ちました」。これは，佐世保高専の卒業生で，当時，Z大学大学院の2年生に通っていた学生Aからもらったメールである。発達障害が疑われるため，佐世保高専在学時より支援を行い，その後も，通っている大学院の研究室の教授や保健管理センターのカウンセラーと連携を取り，大学院側で継続して支援を行ってもらった。大学院のキャリアセンターで，就職に向けてスキルアップを図るための支援も行ってもらっていた。Aは，大学院の2年生になり，大学院でもさまざまな支援を受けつつ本格的に就職活動を行ったが，内定をもらえなかった。書類審査の段階をクリアして面接まで行っても，応募した会社はすべて不採用となった。その数は，10社以上に上っていたようである。Z大学はとても有名な大学で，売り手市場のはずであるが，発達障害の（またはその疑いがある）学生にとっては，高学歴でも，就労はとても大きなハードルとなりうる典型的な例と言える。

　他の高専と大差はないと思われるが，佐世保高専では，学科ごとに差はあるものの，求人倍率は学校全体では15倍を越えている。以前に比べ厳しくなってきているとはいえ，それでも，世の中の高卒，大卒の求人倍率を考えるとかなり恵まれているほうだと言える。しかし，発達障害の診断はついていないが，もしかしてそうではないかと「気になる」学生の場合，おおむね，入社試験の面接で躓くケースが多い。学校では，入社試験を前にして，面接の練習が随分行われるが，それでも，受ける会社，ことごとく次々に落ちてくる学生がいる。

　かなり前になるが，体育系のクラブ活動を5年間続け，寮の学生自治会の役職も務めていた学生Bが，就職試験に次々に失敗し，メンタル的にも不調になって，自分で精神科を受診したケースを経験した。この学生は，その病院で処方された薬が合わなかったようで，よれよれの状態で保健室に来たりしていた。保健室の看護師が聞き取りをすると，自分はADHDかもしれないと言う。テレビの特集などを見ていて，何だかどうも症状が

似ていると思った，とのことである。人前ではあまりそういう姿は見せないが，寮の自室では，イライラしたりすると壁を殴ったりゴミ箱を壊したり，物に当たっていたそうである。「より専門のお医者さんに診てもらおうか」と，学校側とルートがあり，発達障害の診断ができる医師の診察を受けさせようとするのだが，この学生はとても律儀で，「今診てもらっている先生に悪いから，そういうことはできません」と答える。しかし，専門の医師がいる病院のホームページをパソコンで見せて，「こんなきれいな病院に専門の先生がいるよ」と，本人を説得すると，すんなり受け入れて受診することになった。専門の医師が下した診断はアスペルガー症候群であった。新たに処方された薬もぴったり合って，1年留年はしたが，状況も好転し，ある会社に就職した。就職後，すぐ離職したということであるが，現在は，また，別の会社に就職して働いているということである。

このBが5年生のときに入社試験で落ちた会社の方に，本校の教員が，しばらくたってから不合格の理由を尋ねたそうである。「聞かれたことに答えていなかった」というのが主な理由だったようである。面接者の意図が読み取れなかったのではないかと考えられる。冒頭に述べたAについても，本校の専攻科2年のときにZ大学院の推薦入試を受けたが，面接で不合格になった。「質問にちゃんと答えていない」と判断されたようである。その後，Z大学院の一般入試で再チャレンジし，見事合格し，大学院に進学することができた。

発達障害が疑われる学生にとっては，面接試験が大きなハードルになることが多い。面接のときに人事担当の方に「不思議だ」「変わっている」という印象を与えるのもマイナスの要因として働くようである。本校の場合，言語聴覚士や作業療法士などの外部の専門家の助けも借りてスキルトレーニングを行った結果，何とか面接をクリアできて就労に至ったケースもあれば，それでもうまくいかなかったケースもある。企業側に事前に事情を説明すればいいのでは，という意見もあるが，企業には企業の論理があり，現実はそう甘くない。「コミュニケーションが苦手な人は……」「働ける職

種がうちの会社のなかには……」「高価な機器があるので指示が通らずに操作を誤ると会社として大変な損害を被ることになるので……」など，しっかりと予防線を張られてしまう。筆者の経験に基づく個人的な見解としては，障害者手帳（発達障害の場合，療育手帳か精神障害者保健福祉手帳）を取得していない限り，企業には事前には言わないほうが良いと考える。

2．外部の専門機関や企業との連携の実践例

　小学校・中学校で特別支援教育が行われることに伴って，高専入学前にすでに診断を受けた発達障害の学生が入学してくるケースが徐々に増えてきている。しかし，発達障害を持つ学生でも，自己理解が進んでいない場合，「高専に入学できた」「高専の5年生まで進級できた」ことによって，「障害ではない」つまり「健常である」という思いを持つ傾向があり，職業選択を通常の学生と同様に行おうとする。

　社会的自立のためには職業に就くことは絶対条件であるが，発達障害を持つ学生にとって，就労することや，就労を継続させることはかなり大きなハードルで，多くが躓きを経験することとなる。一般就労が厳しいと判断される場合は，早期から，障害者職業センター，発達障害者支援センター，ハローワークなどの専門の機関と連携を取っておく必要があると思われる。場合によっては，就労先の企業と連携が取れる場合もある。以下，筆者が行った外部の専門機関や企業との連携の実践例を2つ紹介したいと思う。

1）事例C

　Cは，佐世保高専卒業時に就職先がなく，研究生として1年間学校に残し，就労支援を行った元学生である。本校に研究生として残した1年間の間に，支援の主体を学校から障害者職業センターや発達障害者支援センターなどに移行した。C自身が，適切に社会資源を活用できるよう橋渡し

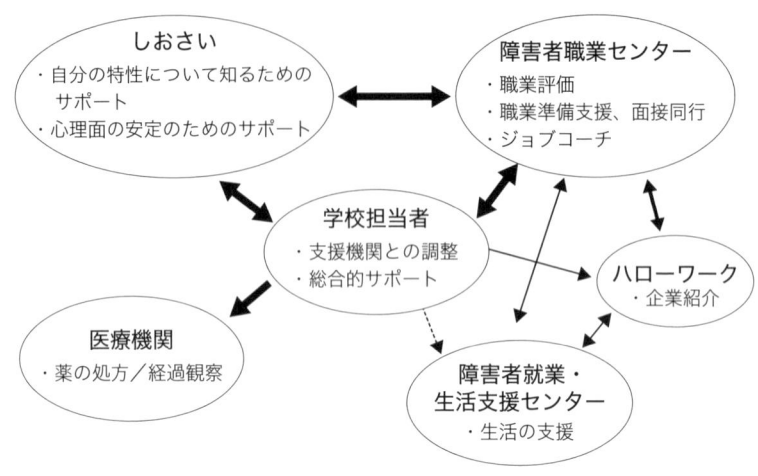

```
        しおさい                              障害者職業センター
・自分の特性について知るための              ・職業評価
  サポート                                  ・職業準備支援、面接同行
・心理面の安定のためのサポート              ・ジョブコーチ

                     学校担当者
                  ・支援機関との調整
                  ・総合的サポート                ハローワーク
                                                  ・企業紹介
      医療機関
  ・薬の処方／経過観察              障害者就業・
                                  生活支援センター
                                    ・生活の支援
```

図4　外部専門機関との連携

を行うとともに，活用のスキルを体得させることなどをポイントとして外部との連携を行った。

　Cは，本校入学後，3年次にアスペルガー症候群の診断がついた。本校1年次にいじめの問題が発生し，それ以来ずっと関わってきた。3年次は学業成績不振のため，留年している。多動傾向もあり，イライラや癇癪を起こすことが多かったが，連携が取れている病院で処方された薬で自分の感情のコントロールもできるようになった。携帯やパソコンでのゲームに没頭する傾向があり，選択式の問題は得意だが，実験のレポート作成や記述式の問題などは苦手であった。第三種電気主任技術者試験という難しい資格試験にパスしたが，実際にその資格を使った職業に就かせるのは安全上問題があると判断される。

　GP事業のおかげで，図4のように，障害者職業センターや発達障害者支援センター，ハローワークや医療機関などとネットワークを構築でき，Cの社会的，職業的自立を促進するために有効であった。感情面の安定の支援として医療機関，発達障害についての受容・自己理解に関しては発達

障害者支援センター，職業自立に関しては「職業センター」，全体的なコーディネートは学校，という役割分担でチーム支援を展開した。職業的自立を実現化させるために，ハローワークや障害者就業・生活支援センターとの連携も段階的に行い，精神障害者保健福祉手帳も取得した。研究生として残した1年間が終了した頃，農園を持つある企業に，職場実習を経てトライアル雇用してもらい，缶詰やゼリーなどに加工する前に果物を処理する作業を行った。障害者職業センターのジョブコーチもついて，手厚く支援を実施してもらった。

　企業側はトライアル雇用後の雇用継続もOKであったが，本人は，高専で勉強した電気関係の仕事に就きたい，とトライアル雇用で契約を終了してしまった。数社応募した後，何とか雇用してもらった会社であるが，父親が本人の特性を理解しておらず電気関係の仕事に就くことを強く勧めていることで本人も影響を受けたようである。外部との連携を取りながら，何とかトライアル雇用まで結びつけることができたが，振り出しに戻った形になり，再度，職探しをすることとなった。

2）事例D

　Dは，佐世保高専を4年次で辞め，本校を退学してから半年後に本人の地元のハローワークの求人情報を元に，一般の求人でW社に応募し，採用試験を経て，雇用に至った。会社は，船舶の配電盤やブレーカーのメーカーで，その会社でパソコンを使った設計の仕事をしていた。

　本校でDが所属していた学科の学科長はW社社長と面識があったため，就労後，学科長が社長にDの事情を電話で説明し，学科長と筆者がW社を尋ねた。筆者が，W社社長に，高機能自閉症スペクトラムなど，発達障害者の一般的な特性や本人の特性などを説明し，「大事な指示は紙に書いて指示をしてほしい」「3つの用事を同時にこなすことはできないと思うので配慮してほしい」「顧客の接客は避けさせていただければありがたい」などのお願いをした。

Dに関しては、8回ほど会社を訪問し、状況の確認と、問題点の改善の努力を会社と連携して行ってきた。直属の上司、課長、部長に、本人の特性を何度も説明し、会社での様子も伺ったりしてきた。会社としても、ジョブコーチ的に人を1人つけてもらい、顧客との直接のやりとりはまださせない、などの理解ある対応を取ってもらっていた。

　Dの就業上の大きな問題点は、就業中の居眠りであった。就労して2年半ほど経つが、本人は、「自分はそんなに居眠りはしていない」と言うが、会社の話ではほとんど改善できていなかったようである。会社としても、いろんな対応策を検討され、筆者を通じて、家庭での時間の過ごし方など家庭の協力を求められたりしたが、会社で周囲の社員にかなりのストレスを与えていたようである。筆者は、病院受診の橋渡しをしたり、本校に来させて、特別支援教育の専門家のカウンセリングを受けさせたりした。

　W社の会社内組織の改編に伴い、Dが所属する部署が他県にある本社に吸収されることになり、Dの処遇に関して会社の社長から相談を受けた。自宅から通いつつ就労は何とか継続できている現在の生活の状況からすると、とても他県にある本社に異動し、一人暮らしをすることは無理だと思われること、W社には装置を組み立てる現場がありその部署は残るが、大きな機械装置があったり高電圧を扱ったりするため、ぼんやりしたりして操作を間違えると大事故に繋がりかねないこと、現在までいた設計の部署以上にコミュニケーション能力が要求され、お互いの意思疎通が図れていないと事故の危険性が高まることなどから、Dには現場への配置転換も無理だというのが会社の判断であり、筆者も同感であった。その後、Dは、会社との協議のうえ、結局、会社を辞めることになった。

　Dは、自宅が長崎県ではないため、筆者はDと母親と一緒に、Dの自宅がある県の障害者職業センターの職業カウンセラーを訪ね、就労に関して連携をお願いし、再就職に向けて、新たなスタートを切ることとなった。現在、障害者手帳（精神障害者保健福祉手帳）を取得し、障害者雇用での就労を目指しているが、まだ就労には至っていない。

3．今後に向けて

　GP事業を始めた頃の状況と比べると，障害者職業センターやハローワークなどでも，発達障害者に対する就労支援の取り組みや支援が，随分熱心に行われてきているように感じる。発達障害者支援センターなどでも，就労支援まで取り組む機関が増えてきているようである。これらは，発達障害者の就労の問題が，社会のなかで大きな課題となってきているという認識の表れだと解釈できる。発達障害者の就労に関しては，教育機関のみで対処するのではなく，外部の専門機関など社会のリソースを充分活用し，連携を取ることが，今後ますます必要となってくると考えられる。

　しかし，雇用する側の企業には企業の論理があり，企業としてメリットがない限りは，発達障害者を雇用する企業は稀のままであろう。したがって，今後，発達障害者を雇用する企業に対する国の施策のより一層の充実が求められる。

文　献

独立行政法人日本学生支援機構（2008）平成19年（2007年度）大学・短期大学・高等専門学校における障害学生の修学支援に関する実態調査結果報告書．

独立行政法人日本学生支援機構（2009）平成20年（2008年度）大学・短期大学・高等専門学校における障害学生の修学支援に関する実態調査結果報告書．

独立行政法人特別支援教育総合研究所 編著（2005）発達障害のある学生支援ガイドブック．ジアース教育新社，p.71．

ウタ・フリス［富田真紀，清水康夫，鈴木玲子 訳］（2008）自閉症の謎を解き明かす．東京書籍，p.131．

福田真也（2007）大学教職員のための大学生のこころのケア・ガイドブック．金剛出版，pp.35-36．

宮崎英憲（2009）ユニバーサルデザインの考えによる特別支援教育．特別支援教育の実践情報 8/9；5．

文部科学省(2010)特別支援教育行政の現状・課題. (http://www.wam.go.jp/wamappl/bb15GS60.nsf/0/0f2f19de6f0e1e08492576e0001bac7f/$FILE/20100308_2shiryou7_2.pdf[2012年4月1日取得]).

杉山登志郎(2007)発達障害の子どもたち. 講談社, p.213.

第10章

NPO での援助者付雇用の実践

津富　宏（特定非営利活動法人青少年就労支援ネットワーク静岡）
松下　英樹（特定非営利活動法人青少年就労支援ネットワーク静岡）

I　ボランティアネットワークでニートを失くそう！

1．概要

　青少年就労支援ネットワーク静岡は平成14（2002）年12月，静岡県静岡市にて発足したボランティアによる市民ネットワークである。平成16（2004）年5月には特定非営利団体（NPO）として法人化，平成24（2012）年現在70名の会員が登録しており，静岡県全域にて活動している。理事長は津富 宏（つとみ ひろし）静岡県立大学国際関係学部教授である。

　当団体の目的は「働きたくても働けない若者の就労を支援する」ことである。当時は「ニート」という言葉もなく，現在のように広く社会問題として認識はされていなかったが，設立当初からメンバーの間には「このままでは社会に重大な損失をもたらす恐れがある」という漠然とした危機感があったように思う。

　平成16（2004）年ごろからはじまった「ニート」ブームは，「意欲がなく，働かない若者」の増加という誤ったイメージを広めてしまったが，一方では若年層の雇用問題を顕在化させたため，我々の活動については思わぬ追い風となった。当団体も平成16（2004）年度より静岡県をはじめとする自治体や静岡県中小企業団体中央会からセミナーやシンポジウムなどの委託事業を受託することとなり，活動の幅が広がった。

設立から 10 年が経ち，支援した若者も 400 名を超えた。「静岡県からニートをなくす」ことを目指し，メンバーは今日も一人一人の若者に寄り添い，共に成長する喜びを感じている。

2．特徴
1）誰でも受け入れる
　「働きたい」と自ら意思表示があれば，どのような状態の若者でも支援対象とする。ひきこもり，非行，不登校，虐待，ネグレクト，身体および知的障害，発達障害，心の病気など。

2）全員がボランティア
　サポーターになるための条件は，「困っている若者をなんとかしてあげたい」という気持ちだけ。「入会資格なし，会費なし，報酬なし」。

3）永久支援
　支援期間は無期限。本人が嫌だと言わない限り面倒をみる。時には，嫌だと言われても支援を続けることもある。当団体の目標は若者の「自立」であり，「就職」が目的ではない。「働き続ける」ために就労後も同じように支援を続けている。

4）「場」を持たない
　居ついてしまうと自立できなくなるので，「居場所」は持たない。設立から 10 年間は事務局もメンバーの会社を連絡先としていた。相談場所は公民館や喫茶店を利用している。メンバー間の連絡にはメーリングリストを活用している。

表1　メンバーの職業

少年院教官OB	ひきこもり親の会
市議会議員	職業訓練校職員
通信制高校職員	学習サポート校職員
臨床心理士	定時制高校教員
社会保険労務士	牧師
飲食店経営者	コンビニ経営者
介護施設職員	障害者生活指導員
NPO代表	市役所職員
パソコン教室経営者	社会福祉士
住職	高校教員OB
主婦	人材派遣会社経営者
学習障害児親の会	無職（退職者）
キャリアカウンセラーなど	

3．メンバーってどんな人？

　メンバーは70名（平成24年度），20代から70代まで，夫婦で参加している方もいる。登録会員のうち，実際にケースを担当するメンバーを「ジョブサポーター」と呼んでいる。本職はキャリアカウンセラーや臨床心理士をしている人もいるが，ほとんどは「ただのおせっかいなおじさん，おばさん」たちである。

4．「働きたくても働けない若者」とは？

　対象となる若者に年齢制限はないが，40歳以上の場合は「青少年」とは言いにくいので，他の機関を紹介している。逆に10代であっても，本人に意欲があれば就労支援の対象とする。在学中（中学，高校，大学，専門学校）の学生でも，就職活動中の者は支援対象である。男女比はおおよそ男性8割，女性2割である。

　個々の状況は千差万別，類型化することは不可能である。支援開始時には参考のため，病歴や障害について尋ねることもあるが，答える必要もない。どんな若者であろうと，意思の疎通ができる限り，支援を行う。「働き

表2 対象となる若者の例

性別	年齢	学歴	職歴	病歴
男	26	大学院中退	飲食店アルバイト	ひきこもり3年間
男	34	大学中退	福祉関係（半年～1年半）	統合失調症
男	22	通信制高校卒	福祉作業所	発達障害
男	33	大学中退	製造業（派遣）5年	アトピー
男	20	専門学校卒	農作業手伝い	
男	22	大学卒	アルバイト（すぐに解雇）	心療内科通院中
女	23	大学卒	なし	対人緊張
女	23	通信制高校卒	アルバイト（すぐに解雇）	ひきこもり4年間
女	31	専門学校卒	事務職（4年），介護職（5年）	
女	23	専門学校卒	飲食店アルバイト1年	
男	22	大学卒	公務員（研修中に退職）	
女	36	大学卒	事務職（7年）	うつ病，対人緊張
男	22	大学生	就職活動中	発達障害
女	18	専修学校卒	軽作業（アルバイト）	発達障害
男	36	大学卒	郵便配達のアルバイト（短期）	統合失調症の疑い
男	32	短大中退	土木作業員3日	学習障害・統合失調症の疑い

たくない」者を働かせることはできないが，彼らが将来に希望を持ち，前進する勇気を持つならば，必ずや未来は開けると信じ，全力でサポートするのみである。

表2はある年度のセミナー（後述する「若者就労支援セミナー」）参加者16名の経歴である。男性10名，女性6名。年齢は18歳から36歳まで（参加時点）。あえて分類するならば，「すこし自信を失ってしまった普通の若者」と「仕事をする能力にすこし差し支えがありそうな若者」と「仕事をする能力にかなり差し支えがありそうな若者」である。

注目すべき点は，まったく仕事をした経験のない者は1名だけで，残りの15名は少なくとも一度は仕事についたことがあるという事実である。つまり，彼らの抱える問題は「就職できない」ことではなく，「働き続けることができない」ことであることがわかる。

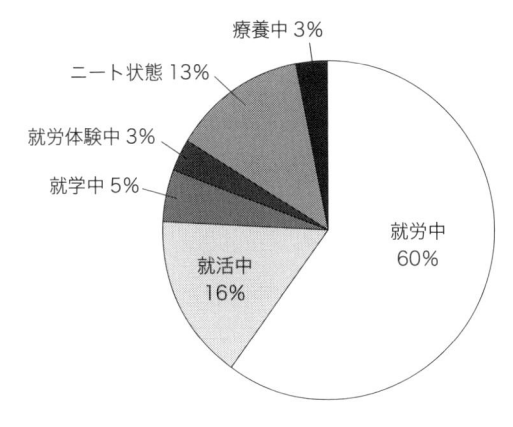

図1 若者追跡調査結果

5．静岡方式とは？

　では，彼らのような若者をどのようにして支援していけば良いのか？我々はこれを「静岡方式」と呼んでいる。といっても，特別なノウハウがあるわけではない。「人は変わる」ことを信じ，彼らの背中を時にやさしく時に強く押してあげるだけである。表2の若者16名も6カ月後のセミナー修了時には，ほとんどが就労，あるいは就労体験や職業訓練など就労に向けた準備に励んでいる。もちろん，例外もあるが，仕事を通じて成長を続ける若者たちはまさに見違えるように輝き始める。それは，時に支援する我々をも驚かせるほどの変化である。

　図1は平成18（2006）年2月に開催した当団体の5周年記念シンポジウムの際，発足以来，支援対象としてきた若者124名に現在の状況を聞いたアンケート結果である。返信のあった62名の若者のうち，60％が就労中，24％が就職活動中，就学中または就労体験中という結果であり，この数字は，単なる就職率でなく，支援開始数年後の就労保持率であることが，特筆ものであるといえる。しかも，当団体の技量が向上するにつれ，この数字は，このところ，さらに上昇し8割近くになっている。

6．伴走型支援

　全国各地にある若者就労支援機関はそれぞれの手法の違いから「相談型」「訪問型」「合宿型」などに分類することができる。当団体の支援は「伴走型」に分類できる。伴走型支援とは，支援者がマンツーマンで対象者を担当し，社会適応のプロセスを支援するという支援モデルである。伴走型支援は，若年者の就労支援に固有のモデルではなく，非行少年のための保護司の制度や，障害者の就労支援にあたるジョブコーチもこれにあたる。当団体では精神障害者のための社会復帰に有効であると実証され，わが国でも導入が進んでいるIPS（Individual Placement and Support）の手法を学び，活動の指針としている。全国では他に，秋田県（行政）やさっぽろ若者ステーションが導入している。

　青少年就労支援ネットワーク静岡の「伴走型支援」には次の特徴がある。

1）プレイスアンドトレインモデルによる支援である

　就労支援の対象者は仕事を続けることが難しい。よって，就労支援の目的は，仕事を続けるための職場適応能力（挨拶をする，明るくふるまう，人の話を聞く，わからなければ質問する，段取りをつける，失敗したら謝る，物は丁寧に扱う，出したものはしまうなど）を身につけてもらうことにある。職場適応能力を身につける最善の場所は職場である。そこで，青少年就労支援ネットワーク静岡では，まず，職場に入れてもらい（プレイス），仕事を通じて職場適応能力を伸ばしていこう（トレイン）という，「就労体験」を中核とする支援モデルを用いる。ジョブサポーターは，対象者と共に，この成長の過程を計画し，寄り添い，励まし，時には背中を押しながら，就労が一日でも長く続くよう支援する。

2）地域に根ざした個別的・継続的支援である

　担当者は基本的に対象者の居住地に近い者を充てる。面談は公共施設のロビーや近所のファストフード店などで行う。地域担当制は，金銭的に余

裕がない対象者にとって，交通費の節約になる。地域を担当しているという感覚なのでその地域に，支援を受けた若者の先輩後輩関係をつくりだしていくという感覚である。対象者から担当者を変えてほしいという要望があっても応じるわけではなく，その地域のサポーターのなかでうまくバランスを取りながら対処する。

3）地域づくりができる

　伴走型支援は（まさに保護司がそうであるように）地域に根ざした一般市民が行うことができる支援モデルである。青少年就労支援ネットワーク静岡のジョブサポーターは市民ボランティアとして「素人」の世間智を集めることで，若者を地域の仲間とするためにネットワークを形成している。なお，伴走型支援は，施設が不要なため費用対効果が高いが，市民参加型の伴走型支援は人件費も発生しないため，いっそう効率的である。

7．組織

　理事長1名のほか沼津市や三島市などを中心とする県東部地区1名，静岡市を中心とする県中部地区2名，浜松市を中心とする県西部地区2名の副理事長を置いている。静岡県全域をカバーするために東部，中部，西部にそれぞれ支部を設けて活動しており，中部支部では2カ月に一度程度，平日の夜，定例会を開催している。年に2回全体で集まる機会を設けているが，静岡県は広域であり，メンバーが顔を合わせる機会はほとんどない。日々の活動報告や連絡はすべて，全員が加入するメーリングリストに投稿することで行っている。

　活動に対する報酬はないが，通信費，交通費などの経費は半年に一度，実費を精算している。収入は自治体や公共団体からの委託費，講演料など。利用者から費用を徴収することはない。ボランティアが行うことのメリットには，生活困窮家庭が多いニートに対して，無償でサービスが提供でき

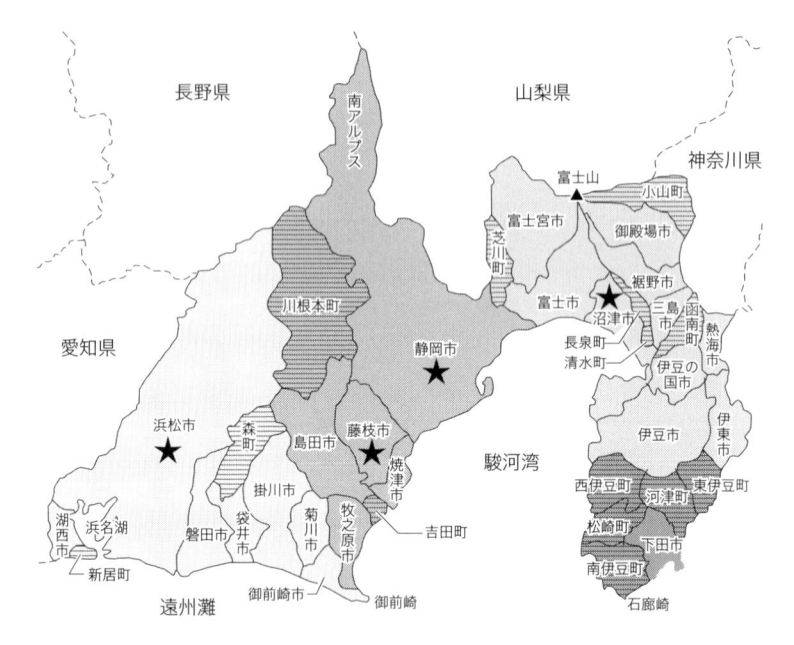

図2　静岡県内の活動拠点（★印）

ることもある。

8．サポーター間の連携

　伴走型支援の基本はマンツーマンによる個別支援である。しかし，サポーターは決して一人でケースを抱え込むことはしない。一人のジョブサポーターができることには限りがあるため，多様なジョブサポーターがネットワークを構成して，支援をし合うことが重要である。

　当団体では，毎月1回，メーリングリストで活動報告をすることによって，サポーター全員ですべてのケースに関して情報を共有している。（図3　月別報告書）つまり，若者にとって，担当サポーターは1人だが，実際に

はすべての若者を 70 人のサポーターが支援しているということである。我々の例会やメーリングリストでは，若者のことを「A君」「Bさん」などという呼び方はしない。すべて実名である。サポーター間で個人情報を共有することに関しては，事前に本人の了解を得るようにしている。

　情報をオープンにすることで，他のサポーターからいろいろなアドバイスをもらうことができるし，複数のサポーターが支援に関わることで良い結果が生まれることも多い。先日は，浜松市の臨床心理士が担当していた若者を，80km は離れた，静岡市のお寺で引き取り，その娘さんが経営するコンビニで就労体験をさせた後，別のジョブサポーターが違う就労体験先企業につないだ。こんな芸当がさらっとできるのが静岡方式である。

　図4は静岡方式のイメージであるが，一人の若者（中心の星）を大勢の大人（サポーターや雇用主）が寄ってたかって世話を焼いているといった感じである。我々は，若者を就労というセーフティネットから決して落ちこぼさない。

9．支援の流れ

　当団体の目的は「働きたくても働けない」若者の就労支援なので，自らの意思でプログラムへの参加を希望した若者だけを支援の対象としている。あるひきこもり支援団体の方からは「自ら支援機関に意思表示ができるような若者は（ひきこもり・ニートの中ではごく少数の）エリートだ」と指摘されたことがあるが，その通りかもしれない。

　支援への入り口は二通りある。一つは事務局やサポーターが直接相談を受ける場合である。新聞記事やホームページを見て，事務局宛てに，月に数件，新規の相談があるが，そのほとんどは「ウチの子どものことなんですが……」という親からの相談である。電話，メールにて相談があった場合，一通り状況を伺った後，「本人との面談はできますか？」と訊ねる。「何とか説得してみます」という場合には，すぐに面談の日時を決める。遠

月別報告書

※翌月7日までに，メールで＊＊＊＊＊＊@yahoogroupus.jp に送ってください。

平成　　年　　月　　氏名　　　　　　　　　担当

長期目標

1	
2	
3	

今月の目標	達成度
1	
2	
3	

今月の観察（5W1Hを）

担当者のコメント（今月の行動の評価，今後の方向性）

図3　月別報告書

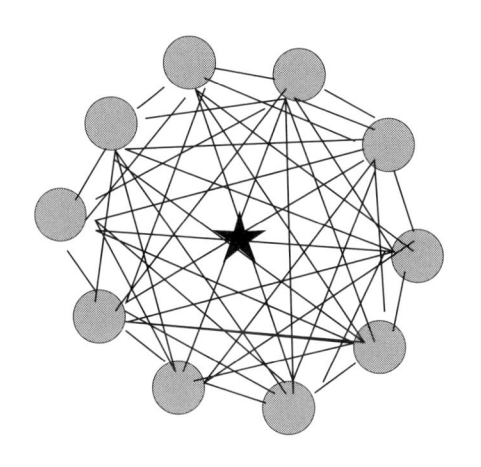

図4　ジョブサポーターによるネットワーク（イメージ）

方の場合は，支部を通じて，相談者の自宅に最も近いサポーターを紹介し，支援を開始する。

　しかし，残念ながら大抵は「それができれば良いのですが……」となってしまうため，「親の会」などを紹介するのみである。ただし，我々の存在を知ってもらうことで，2，3年後になってようやく，セミナーに参加してくれたりすることは良くある。

　もう一つは「若者就労支援セミナー」への申し込みである。これは，年に2回（3月と9月に）開催している。それぞれ定員20名であるので，セミナーだけで，年間には40人近い若者を受け入れていることになる（前述したように，このほか，事務局では，随時，個別に若者を受け入れている）。平成17（2005）年9月からスタートし，すでに16回を数える。

　「静岡方式といっても特別なノウハウはない」と前述したが，試行錯誤を重ねた結果，この6カ月間のプログラムは非常に優れたものとなった。サポーターの技量が向上したこともあるが，回を重ねるごとに成果が高まり，最近ではどのような状態の若者でも，「このセミナーに参加さえすればなんとかなる」とまで言えるレベルに近づきつつある。次節でプログラムの内

容について詳述するので，是非参考にしていただきたい。

II 若者就労支援セミナー

1．概要
主催：NPO法人青少年就労支援ネットワーク静岡
経費：年間約200万円，すべて当法人の持ち出しである。
対象：「働くこと」に悩みを抱えている若者。おおむね40歳未満で，現在就職しておらず，すべてのプログラムに参加できる方。
目的：「働くこと」に前向きな気持ちを引き出す。
参加費用：無料（食事・宿泊費の実費負担あり）

【ポイント】
- 参加費用は無料である。
- 宿泊先は公共施設を利用し費用負担を少なくする。
- 地域性に配慮し，9月は中・東部で，3月は西部で開催する。
- 4回の集合研修（そのうち，2回目は一泊二日の合宿セミナー）はできるだけ間隔をおかずに開催する。（足踏みする時間を与えない）
- 就労体験先企業の説明会のみ平日に行うが，あとは土・日の開催とする。（スタッフがボランティアのため）
- 学生ボランティアに手伝ってもらうので，学生が動きやすい9月と3月に開催する。（夏休み，春休み）
- 告知は新聞や自治体の広報紙など。
- 受付は先着順とする。選考はしない。ただし，親による問い合わせから始まってもよいが，一度は本人に電話口に出てもらい，ささやかでもよいので参加の意思表示をしてもらう。
- 2〜3日前には，主催者側より本人宛に「会場の場所はご存じです

図5 「若者就労支援セミナー」募集パンフレット（表・裏）

か？」と出欠の確認のための電話を入れる。（本人が家族に申し込んだことを知らせていないこともあるので要注意）
・「本人からの電話」と「合宿」は対象となる若者にとって大きなハードルである。現実には募集に苦労している。毎回20名の参加者を集めるためには，あらゆる機会にて（現在，県内7市で一般市民向けの就労支援セミナーを開いている）セミナーの存在をアピールしておくことが重要である。

2．プログラム1：事前セミナー

主要駅近くの公的施設の会議室を会場とする。参加者20名に対し，社会人ボランティア10名，学生ボランティア30名，計60名ほどが参加する。アイスブレイクやグループワークを行うため，机，いすはすぐに動か

NPOでの援助者付雇用の実践 | 195

せるようにしておく。定員80名くらいの広めの会場が望ましい。

　受付には学生ボランティアを配置，参加者，学生，社会人はそれぞれ色の違う名札をつける。残りの学生ボランティアは，会場に現れた参加者の隣に座り，話かけることで緊張をほぐす。時間がきたら，講師は簡単な自己紹介のあと，すぐにゲーム形式のアイスブレイクを開始する。

　当団体の場合には，セミナーの講師は少年院のベテラン教官にお願いしている（正式には法務教官という）。当然のことではあるが，彼らは問題のある青少年に接するプロフェッショナルなので，短時間で個々の特性を見抜き，セミナー終了時には的確なコメントとアドバイスをしてくれる。公務の合間を縫って（大抵は夜勤明けであることが多い）全国各地から手伝いにきてくれる教官の方々には毎回頭の下がる思いである。

スケジュール例
（1）13：00～13：30　アイスブレイク1（できるだけ大勢と会話できるようなゲーム）
（2）13：30～14：00　アイスブレイク2（ここでグループ分けをするとよい。参加者2名＋社会人2名＋学生2名のようにバランス良く小グループに分ける）
（3）14：00～14：15　休憩（休憩時間もなるべく話しかけるようにする）
（4）14：15～16：15　ワークショップ（「職場の人間関係で困ったこととその対処法」などのテーマで話し合う。その際，自分の意見を付箋に書いて模造紙に貼っていくと意見を引き出しやすい。答えを出すことより，全員の考え方をシェアすることに集中する）
（5）16：15～16：45　グループごとの発表（できるだけ，参加者に発表させ，みんなでほめる）
（6）16：45～17：00　次の合宿セミナーについての説明

【ポイント】
- コミュニケーションが苦手な参加者が勇気を振り絞って，この場に参加していることをスタッフ全員が十分に理解すること。一期一会。
- 「よくわからないけど，なんとなく楽しい」と思ってくれればOK。次の合宿セミナーに全員が来てくれれば成功である。
- セミナーの後は講師を交えてミーティングをし，個々の参加者の言動について報告をする。
- 一言も話せなかったり，気分が悪くなってしまう参加者もいる。特に病的な言動をした場合には別室にて個別の事情を聴く必要がある。（病歴や服薬の有無など）
- 学歴や職歴など個人情報について，図6のアンケート用紙を配布し，次回の合宿セミナーの際に提出するように依頼する。
- 次回の集合研修である合宿セミナーについては，参加者の感動を大きくするため，集合時間や交通手段の説明をする程度にとどめ，内容についてはほとんど説明しない。

3．プログラム2：合宿セミナー

　事前セミナーの2週間後の土日にわたって，本セミナーのハイライトである，一泊二日の合宿セミナーが始まる。会場は「静岡県立〇〇青少年の家」といった小中学生の野外活動などに利用される公営の宿泊施設を利用する。参加するのは，セミナー参加者20名に対し，学生ボランティア20名，サポーター10名，セミナーOB・OG数名，計50名ほどである。参加者の若者には宿泊費および食費は実費を負担していただく（静岡県立焼津青少年の家の場合，一泊四食付きで3,300円程度）。

　この合宿セミナーの最大の特長は学生ボランティアを活用することである。理事長の津富が勤務する静岡県立大学や静岡大学，静岡文化芸術大学，常葉大学などで有志を募り，ほとんどすべてのプログラムを企画，実

あてはまるところに「○」を付けてください

お名前

次のことはどのくらい難しいですか	とても難しい	難しい	あまり難しくない	難しくない
一般的なこと				
働きたいという意欲を持つ				
外出する				
知らない人に話しかける				
仕事を探すまでのこと				
履歴書を記入する				
ハローワークに行く				
面接を申し込むための電話をする				
会社に面接に行く				
面接に通る				
仕事についてからのこと				
仕事をすばやく覚える				
仕事場で失敗を繰り返さない				
教えてもらわなくても周囲のやり方を見て仕事を覚える				
仕事場で上司に信頼される				
仕事場で同僚とうまくやる				
仕事場で友達を作る				
注意されたら受け入れる				
失敗を自分から謝る				
分からないことを質問する				
忙しいときに手伝ってもらう				

次の経験はありますか	ある	ない
学校時代いじめられたこと		
不登校だったこと		
働かずに家にいたこと		
心の具合が悪く、働けなかったこと		
体の具合が悪く、働けなかったこと		
ハローワークに行ったこと		
ヤングジョブステーションに行ったこと		
面接を受けようと会社に電話したこと		
就職の面接を受けたこと		
アルバイトをしたこと		
正社員として働いたこと		
職場でトラブルがあったこと		
仕事を自分から辞めたこと		
仕事を辞めさせられたこと		

次のような学習や勉強の問題はありますか
字を書くのが不得意　ある・ない
（どんなふうに　　　　　　　　　　）
字を読むのが不得意　ある・ない
（どんなふうに　　　　　　　　　　）
計算するのが不得意　ある・ない
（どんなふうに　　　　　　　　　　）
手先が不器用　ある・ない
（どんなふうに　　　　　　　　　　）
人との会話が不得意　ある・　ない
（どんなふうに　　　　　　　　　　）

学歴・職歴を記入して下さい（アルバイトもあれば簡単に）

年　月（和暦）	学歴・職歴など	職歴について、いつ、どこで、どんな仕事かを書いてください

図６　インテーク調査票

施してもらう。一度，活動を経験した学生ボランティアが友人や後輩を誘い，自発的に継続している。

　学生ボランティアを活用する理由は2つある。一つは参加者の若者と同年代，あるいは年下である学生たちが運営することで，大人たちから「上から目線」で説教されるのではなく，なんとも言えない「ほんわかとした雰囲気」が醸し出され，参加者の緊張がほぐれるからである。学生たちは3カ月ほど前から準備のミーティングを重ね，担当を決め，ゲームやワークショップのための小道具づくりをする。彼らの情熱とボランティア精神は，数年間もひきこもり，家族以外とは会話をしたことのない若者に，感動を与え，本来の素直な気持ちを引き出してくれる。実際，その効果は驚くほど大きい。ある参加者は「テレビを見ているときに笑ったことはあったが，人と一緒に何かをして笑ったのは初めてだった」と言ってくれた。

　もう一つの理由は，ボランティア体験を通じて，学生たちも大きな成長を遂げることである。最近の新卒未就職学生数の増加をみれば，大学生もニート予備軍といえる。2年生の後半から過酷な就職戦線にさらされている彼らにとって，ニート支援は「他人事とは思えない」問題なのだ。合宿初日からずっと，人前で話をすることができなかった参加者が，最後のワークショップで今後の目標について決意表明する場面で，長い沈黙の後，訥々と語り始めると，会場のあちこちから啜り泣きが聞こえる。学生たちが感極まって流す涙は「共感」の涙なのであろう。

【ポイント】
- 事前セミナーに参加した若者のうち若干名は，「自分が思っていたセミナーと違う」「就職の斡旋をしてくれるのかと思っていた」「この程度の内容なら，自分には必要ない」といった理由で辞退する者がいる。
- 親から言われて申し込んではみたものの，合宿に参加することに躊躇してしまい，当日無断欠席（あるいは仮病）するものもいる。合宿に行くと言って家を出て，行方不明になってしまう者もいるので，無断欠

表3　合宿スケジュール
若者就労支援セミナー「コミュニケーションセミナー（宿泊セミナー）」日程表
目的：同様な悩みを持つ方との共同作業を通じて，前向きな気持ちを引き出す

1日目		2日目	
	内容		内容
9：30	集合・受付	6：30	起床
10：00	オリエンテーション	7：00	朝の集い
10：30	名刺交換ゲーム	7：30	朝食
11：00	グループワーク①	8：30	清掃
12：00	昼食	9：00	身体活動
13：00	ワーク「聴く力」	11：00	ゲーム・グループ分け
14：30	OB・OGの体験談	12：00	昼食
17：00	夕べの集い	13：00	ワーク「なりたい自分」
17：30	夕食	15：00	全体発表
19：00	ゲーム・グループ分け	15：30	退所式
19：30	グループワーク②	16：00	解散
21：00	入浴		
22：00	就寝		

席の場合でも可能な限り，本人または家族と連絡をとる。
・宿泊施設は交通の不便なところにあることが多い。参加者には詳細な地図とアクセスの方法を書面にして渡しておくこと。それでも，たどり着けない者もいるので，迷ったときの連絡先を明示し，すぐに迎えに行ける体制を準備しておく。
・公共の宿泊施設では，朝礼，夕礼，食事，入浴の時間などが決められている。事前によく打ち合わせしておき，施設のルールを守る。
・休憩時間，食事時間などでも決して参加者を一人にはしない。常に誰かが傍にいて話しかけるよう心がける。
・部屋割りは地域性を考慮し，なるべく同じ地域に住む若者同士とサポーターが同室になるようにする。
・会場は研修室など80名から100名程度の定員のできるだけ広い部屋を確保する。すべての日程を通じて同じ部屋を使用することが望ましい。
・2日目の午前中は「身体活動」を行う。当団体では少年院の教官に依頼して，体操やリクリエーション的なゲームを行っている。簡単なも

のではあるが，気合いの入った号令の下，行進などを行い，参加している全員の一体感を高める。
- 1日目のプログラムを無事終えた疲労に加え，興奮のために十分な睡眠をとれない参加者もいる。2日目には体調の不良を訴える者もあるので十分注意する。
- 参加者のなかには昼夜逆転など不規則な生活をしているものが多い。プログラムの進行や集合時間などは厳守するように促し，働くためには生活のリズムが整っていることが必要であることに気づかせる。
- すべてのプログラムを通じて重要なことは，常に参加者が中心であるという意識をスタッフ全員が持ち続けることである。ゲームやワーク，2日間の集団生活，休憩時間にかわす雑談などすべての場面で参加者に対し，「○○さんてすごいですね。××ができるんですね」というように関心を持って話しかけ，気づいたことをほめたりして，「自分は一人ではない」ことを感じてもらう。
- 参加者の多くは自己評価が低く，「自分は人には溶け込めない」，という考えを持っている。この考えを切り替えてもらい，「やってみようかな」という気持ちにさせることがこの合宿の最大の目標である。
- 1日目の夜には学生スタッフのミーティングを行い，参加者一人一人について気づいたことをメモにしておく。
- すべてのプログラムを終え，参加者を見送った後，サポーターのミーティングを行う。学生スタッフのメモと参加者から提出されたアンケートを基に，担当サポーターを決めていく。
- 宿泊施設近くに別の会議室を用意しておき，学生スタッフの反省会を行う。参加者も，残りたい者は，学生の反省会に招き，オープンに反省を行う。
- 当団体の場合，学生スタッフの8割が女子学生である。一方，参加者の若者は8割が男性である。参加者には一方的な恋愛感情を持たせないよう，また学生には連絡先などの個人情報は教えないよう気を配る

必要がある。

4．プログラム 3：親子セミナー・三者面談

　1泊2日の合宿セミナーの翌週の日曜日，今度は父母も一緒に集まっていただく。会場はプログラム 1 で使ったような公共施設の会議室。参加者 20 名弱，保護者 20 名程度，担当サポーター 20 名程度，計 60 名ほどになる。今回は学生ではなく，当団体のメンバーが司会進行を務め，簡単なゲームと「なぜ若者は働けないのか？」といったテーマでグループ討議をしていただく。後半は本人と親，そして担当サポーターによる三者面談を行う。

　当初は「仕事をするのは本人なのだから親は関係ないだろう」と考えていたが，就労支援を始めてすぐに，家族の「協力」が成否を大きく左右することに気がついた。子どもの就労というのは家族にとっても大きな問題であると同時に他人に触れられたくないプライバシーに関わる問題でもある。ボランティアとはいえ，他人に自分の家庭の「恥をさらす」ことは親にとっても覚悟のいることである。

　しかし，当団体の手法はマンツーマンによる伴走型支援であり，居住地域に近いサポーターが担当する。家に電話することもあるし，時には訪問させていただく場合もある。我々の支援方法について理解していただき，信用していただく必要がある。「協力」といっても，NPO の活動に加わってほしいということでなく，サポーターを信じて，おまかせいただきたいという意味である。

　数年間，ひきこもりの生活を続けていた若者がサポーターの勧めでようやく就労体験を始めることになると，ご両親は，きちんと身なりを整え，外出していくわが子を見て大変喜んでくれる。そんなご両親であっても，1カ月もすると，「ウチの子どもをいつまでタダ働きさせるつもりなのか？」とか「こんなことを続けて，ちゃんとしたところに就職できるのか？」とサポーターにクレームをぶつけてくることもある。本人ではなく，サポー

ターに苦情が寄せられるのなら対応することも可能だが，頑張っている本人に対し，「やめたほうがいい」とか「嫌なら行かなくてもいい」と家庭内で圧力が加えられてしまうとすべての努力が水の泡となってしまう。

　親の考え方を変えることは難しい。親子セミナーをやってみると，「働いていないことを子ども本人はどう思っているか？」という問いに答えられない親が多いことに驚いた。相手の立場になって考えることはコミュニケーションの基本である。「そんなことは考えたこともなかった」という親たちに，子どもたちも悩んでいるということに気づいていただければ，幸いである。

【ポイント】
- 自尊心の強い若者のなかには親の関与を嫌がる者もいる。その場合は無理強いしない。ただし，親を抜きにして支援はできないというルールは明確に伝える。
- 前週の合宿の後，参加者の家に電話をして，親子セミナー・三者面談への参加の確認をする。このときに合宿から戻った後の本人の感想などを聞いておくとよい。電話への対応などで，家庭環境などがわかることもある。
- グループ分けの際には親子が同じグループにならないように配慮する。
- 面談の際にはなるべく本人に話してもらうことに集中する。親が子どもの代わりに問題を解こうとするのではうまくいかないことにも気づいてもらう。

5．プログラム４：就労体験受け入れ先企業の紹介

　親子面談の翌週，平日の午後，公共施設の会議室にて行う。参加者20名弱と若干のサポーターが参加する。講師は現在，あるいは過去に就労体験を受け入れていただいた企業のうちから３社ほどを選び，その担当者に

お願いする。内容は，自社の業務内容，就労体験の際の注意事項，働くことの意義などである。当団体が推奨する就労体験の受け入れ先にはこんな会社があるということを知ってもらうことを目的とする。

「静岡方式」の要諦はいかに素早く職場に入ってもらうかということであるから，就労体験は重要なステップの一つであり，働き続けるための能力を身につける場である。幸い，地域には理解のある雇用主さんも少なからずいらっしゃる。支援開始当初は，賃金をもらえるレベルの若者は少ないので，無給の就労体験を経て，まずはフルタイムで働くことができる体力を養い，経験を積むことによって就労を目指す。

就労体験を受け入れてくださる職場は，コンビニ，介護施設，保育園，牧場，農園，ビル管理，養鶏場，ホテル，レストラン，福祉事業所，図書館などの公共施設などさまざまである。無給とはいえ，訳ありの若者を無償で面倒をみてくれる就労体験先を見つけることは簡単ではない。しかし，地域に根差した中小企業のオーナーには社会貢献にも熱心な方も多く，事情を説明してお願いすればなんとか受け入れていただけるのである。サポーターの個人的な人脈でお願いすることも多いが，時には飛び込みで新たな受け入れ先を開拓することもある。実際には，ご迷惑をおかけすることも多いにもかかわらず，時には叱り，時には褒めて若者を育ててくださる事業主，従業員の皆さんこそが静岡方式による就労支援の主役である。

【ポイント】
- 就労体験を勧める際には，当事者である若者の希望を優先する。サポーターは本人の能力不足などマイナス面にとらわれることなく，できるだけ速やかに就労体験先を確保することに全力をつくす。
- 若者のなかには就労体験先までの交通手段を持たないものも多い。費用負担を少なくするためにも，可能な限り若者の自宅から近い就労体験先を見つける必要がある。
- 就労体験の日数や時間については若者と企業の双方の希望を聞いて調

整する。最初は週3日，3時間／日程度から始め，段階的に増やしていくと良い。
・就労体験先が一番心配するのが，事故の際の責任問題である。当団体では「NPO総合保険（あいおい損保株式会社）」に加入することにより，本人に対する傷害リスクと本人および企業側に対する損害賠償責任リスクを回避している。
・就労体験の期間は最低1カ月以上とし，期限は設けない。できるようになるまで続けてもらうという考えである。実際，2年間就労体験を続けたケースもある。
・若者に対し，就労体験受け入れ先のリストを提示し，選ばせることはしない。まずは，本人に「〇〇をやってみたい」「〇〇ならやってもよい」という意思表示をさせてから，「それならこういう所があるから，行ってみますか？」というように，本人の希望を引き出すことに注力する。
・就労体験を開始する際に，通常は企業側の面接があるので，サポーターが同行する。その際，若者には通常の履歴書を用意してもらい，提出する。障害や病歴の有無についての情報開示については本人の意思にまかせる。

6．プログラム5：6カ月間の個別就労支援

　上記4回の集合セミナーが終了すると，担当サポーターとのマンツーマン（サポーターは複数の場合もある）の支援が始まる。6カ月と期限を設けるのは，一定の期限を設けることで，参加者にとってもサポーターにとっても良い節目となるからである。節目と言っても，「静岡方式」は永久支援であるので，支援を必要とする場合には（ほとんどの場合は）そのままサポーターとの関係を継続したり，フォローアップミーティングへの参加を通じて，若者同士の交流を続けたりしている。

　前述したとおり，「マンツーマンの支援」といっても，すべてのケースに

ついて，サポーター全員が情報を共有しているので，複数のサポーターが関係するケースは少なくない。自分が担当している若者に，公共施設の相談員をしている別のサポーターを紹介したり，自分の知っている就労体験先を別のサポーターに紹介したりして，お互いに助け合っている。まったく「おせっかい」な人たちである。

　６カ月のセミナー期間中に関係者全員が集まるのは，３カ月後の中間報告会と６カ月後の修了式の２回である。中間報告会では全員の前で一人５分〜10分程度，この３カ月間に取り組んできたことを本人が発表し，それを受けて他の参加者やサポーターが質問をしたり，励ましの言葉をかけたりする。たった３カ月ではあるが，順調に進んでいる若者たちは，既に見違えるように成長している。また，仲間の成長を見て，自分ももっと頑張ろうという気持ちにもなる。

　中間報告会の後は若者たちとサポーター全員で「懇親会」と称して，近くの居酒屋に繰り出す。セミナー参加者の若者たちのなかには，すでにお互いに連絡を取り合っていたり，一緒に遊びに行く仲間ができていたりもする。私たちサポーターも，若者たちとの苦労話を肴に酒を酌み交わし，楽しいひと時を過ごす。

　修了式は，来賓（労働局，県，中小企業団体中央会）や報道関係者をはじめ，参加者の親や学生ボランティア，新しくスタートしたばかりのセミナー参加者も招待して行う。若者たちが，我先にと半年間の成果を発表する姿を目にするとき，サポーターは大きな感動と充実感を得ることができる。最後にセミナー参加者全員に対し，理事長より修了証を授与して，６カ月のプログラムが終了する。

【ポイント】
・支援を開始する前に，本人および家族に対し，当団体は「就職先を斡旋する」のではなく，「継続して働き続けることができる」ための支援をするということを明確にしておく。

・若者によっては無給の就労体験よりも，アルバイトも含めた一般就労を希望する者や，職業訓練の受講を希望する者もいる。現実には遠回りになってしまうことが多いけれども，基本的には本人の希望を優先する。
・当団体では沼津市，静岡市，藤枝市，浜松市にて月に1回程度，現在または過去に支援を受けていた若者たちが集まるフォローアップミーティングを開催している。進行は若者たちにまかせ，バーベキューやスポーツを楽しんだり，仕事の悩みを打ち明けあったりしている。

III まとめ

　私たちがこの活動をはじめてから，早いもので10年が過ぎた。振り返ってみて，ここまで続けてこられた理由はいろいろあるが，最大の理由は「楽しかった」からである。講演会や交流会などで就労支援に関心のある方々に我々の活動を紹介すると，決まって「どうしてボランティアでこんなに大変なことができるのですか？」と訊ねられる。
　もちろん，支援に行き詰まって悩んだりすることはある。また，仕事が忙しく，思うように活動の時間がとれないときもある。一方，支援した若者やその親たちから感謝の言葉をもらうことはほとんどない。
　しかし，なんだかんだ言っても，私たちは，若者が変わるのに目を見張らせられ，それが励みになってやめられない。自分の部屋の壁と天井だけを眺めて，何年も過ごしていた若者がやっとの思いでわずかな勇気を振り絞って支援を求めてきたときに，私たち，大人が，自分が歩んできた経験から，ほんのすこし手助けをしてあげるだけで，彼らは自信を取り戻し，仕事を通じて，立派に社会人として育っていくことができる。そんな若者の変化の過程を目の当たりにすることは大きな喜びである。
　ボランティアとして取り組んでいる私たちの活動は，単なる「おせっか

い」かもしれない。しかし，少なくとも費用対効果を考えた場合，他の支援団体や行政の取り組みと比較して，圧倒的に優位である。行政コストの削減が求められている今，願わくは，この「おせっかい」の輪が広がり，一人でも多くの若者が自立への道を進むことができるよう，これからもネットワークを広げていきたい。

　幸い，地域には，若者を育てたいという大人がたくさんいる。例えば，保護司という市民ボランティアのネットワークである保護司会は，保護観察所と連携しつつ，日本中の犯罪者の更生を支援している。静岡方式が目指しているのは，そんな官民一体となった組織作りである。

文　献

津富宏（2007a）現場の実践例（伴走型支援（青少年就労支援ネットワーク静岡の実践から））. In：宮本みち子 編：ユースアドバイザー養成プログラム（改訂版）. 内閣府，第5章第6節7.

津富宏（2007b）無業者の就労支援のノウハウ. In：玄田有史 編：H17青少年の就労に関する研究調査. 内閣府.

津富宏（2008）静岡方式で行こう！―就労に困難を抱えた若者への支援. 月刊ガバナンス 91；25-27.

津富宏，NPO法人青少年就労ネットワーク静岡（2011）若者就労支援「静岡方式」で行こう!!. クリエイツかもがわ.

第11章

発達障害のある方の就労
——ジョブマッチングの必要性

石井　京子（テスコ・プレミアムサーチ株式会社代表取締役）

I　はじめに

　テスコ・プレミアムサーチ株式会社は2008年4月に設立されて以来，障害を持つ方専門の就職支援会社としてさまざまな障害を持つ方の就職支援（職業紹介および就職相談）を行ってきた。最近では問い合わせの多い発達障害者の就職支援，就職相談に取り組んでいる。発達障害者の相談件数は2008年9月のリーマンショック以降急激に増加してきている。経済環境の変化による雇用の抑制は，障害を開示せず派遣社員として就業していた発達障害者にも大きな影響を及ぼしたと思われる。

II　障害者専門の人材紹介会社とは

　2010年現在日本の民間企業は従業員数の1.8％（2013年4月より2.0％）の障害者雇用を義務付けられており，大手企業はコンプライアンス，CSR（Corporate Social Responsibility：企業の社会的責任）を背景として障害者雇用を積極的に進めている。弊社グループは大手企業の障害者雇用枠求人を中心に職業紹介を行い，活動エリアは全国に及ぶ。企業との求人打ち合わせは東京の本社で行うが，全国に事業所を保有する大手企業からは全国の主

要都市の求人を受注する。業種もあらゆる分野に及び，金融，保険，各種メーカー，IT系企業，サービス業，外資系企業などさまざまである。現在，業績が良い業種は消費財，食品，製薬，医療機器であるが，これらの業種からの求人は活発である。企業のほかには学校法人，医療法人，独立行政法人などの求人がある。人材紹介会社への求人依頼は大手企業が中心で，職種は事務系の職種が8割〜9割を占めている。事務系職種では総務，人事，経理など管理部門の求人依頼が多く，その他営業事務などもある。IT系企業ではシステムエンジニア，プログラマー，その他には設計やCADオペレータ，事務系以外は販売や軽作業などがある。大手企業（従業員数1,000名以上）の実雇用率は法定雇用率の1.8％（2013年4月より2.0％）を上回る1.83％であるため，採用基準が高くなっている。現在のところ残念ながら電話対応の可能な（身体障害者を想定する）求人が多いため，発達障害者が大手企業だけに応募を続けると，採用基準に合致せず，就職は難しい状況になる。

　障害者雇用枠の求人といえども経済環境の変化の影響を受ける。一般の求人に比べ企業のコンプライアンスのニーズに基づく障害者雇用枠の求人は堅調であるが，法定雇用率の対象は企業の社員数が分母になる。そのため，リストラなど企業社員数の減少に伴い，障害者の法定雇用人数も減少する。障害者専門の人材紹介会社のなかで，発達障害者の就職支援に対応できる会社は多くはない。すなわち弊社の特徴は豊富な知識を持つコンサルタントが企業と求職者の両方に対応し，精度の高いマッチングを行うところにある。コンサルタントが実際に職場に出向き，企業の採用担当者と綿密に求人の打ち合わせを行い，企業の社風も十分にわかったうえでマッチングした求人を求職者に紹介するのである。マッチングの精度が高ければ書類選考の通過率も高くなる。

III　人材紹介会社を利用するポイント

　障害者求人の主たる窓口はハローワークであるが，求職者は自ら出向かないと求人を検索することができない（2012年12月22日よりインターネット検索可。求職番号の入力により企業名の閲覧可）。現在就業中，あるいはアルバイト中の求職者，そして在学中の学生は窓口に頻繁に出向くのが難しい。人材紹介会社に登録すると，希望の求人が出たときに，メール，FAX，携帯電話など希望の方法で連絡が入るので求職者にとっては便利なサービスである。人材紹介会社では，その他，履歴書の書き方の指導も行う。発達障害者のなかには自己PRが苦手でどのように自己紹介文を作成してよいかわからない人も多く，自己紹介文の作成などの個別指導を行っている。また，求職者の面接の際にはコンサルタントができる限り同行・同席する。初めての面接会場ではコンサルタントが同行することにより本人が安心して面接に臨むことができる。面接に同席する場合は，緊張して言葉が出なくなった求職者に助け舟を出すなどのフォローも行っている。また求職者の利点としては，企業の面接でよく出る質問例なども事前に提供してもらえることで，十分に準備し，安心して面接に臨むことができる。
　人材紹介会社を利用する利点としてはもう一つ「推薦文」がある。コンサルタントが第三者の立場で求職者の持つ強みを「推薦文」として作成し，応募書類に添付し提出するものである。この推薦文は採用担当者が注目する部分であり，「推薦文」によるアピールが功を奏し面接に結びつくケースも多い。
　登録時の個人面談では就職における希望条件として，業種，職種，仕事内容に加え，勤務条件や処遇など，どのように働きたいかを確認する。仕事以外では希望する配慮，通院，通勤時間などの個別の希望する条件を詳しく聞く。就職活動にあたり，最も大事なのは職場でほしい配慮が明確になっているかどうかである。本人が認識していない場合もあるが，本人の

苦手なこととどんな配慮があれば仕事がしやすくなるかを，本人の希望を詳しく聞き確認する。就労経験がある場合はこれまでの仕事の経験，未経験者であればパソコンのスキル，どんな資格を持っているか，新しいことに取り組む意欲がどのくらいあるか，仕事における社会性がどのくらいあるのかを確認させてもらい，そのうえで適性を考慮しながら求人とのマッチングを行う。また，登録者の入社後のフォローも行っている。入社1週間後，1カ月後，3カ月後というタイミングで本人に連絡を取り，仕事に慣れたかどうかといった定着を確認している。

IV 登録者のプロフィール

　発達障害者からの問い合わせは2008年秋から増加し，2010年現在登録者全体の13〜14%を占めるようになった。問い合わせをしてくるのは発達障害者の一部の層と推測される。それはインターネットを利用し，弊社を検索し，Webでエントリーをするためには，パソコンを使用し，インターネットに接続できる人ということが条件になるためである。そのような条件の下での問い合わせの約9割はアスペルガー症候群を持つ求職者からの問い合わせであった。登録者の年齢層は高校卒業前の17歳から40代前半で，大きく4つのプロフィールに分けられる。

1．高校卒業見込み（サポート校など）
　特別支援学校の卒業生は企業実習を経験して就職に結びついているので，相談の依頼はサポート校出身者から受けることが多い。高校卒業時の18歳という年齢では社会性などが未発達であり，就労への準備が十分とは言えない。社会に出る前に職業訓練校などで就労のための訓練を受けるのが好ましいと思われる。

2．新卒（大学卒業見込み）

　障害の有無にかかわらず，昨今の新卒者の就職活動は大変厳しい。2010年3月に卒業した大学生の就職率は91.8％であった。採用しようとする企業もコミュニケーション能力やチームワークなどの資質を重視するので，発達障害学生の就職はより難しくなっている。発達障害学生は雇用環境の変化にも気づきにくい。景気の良い時期に新卒は売り手市場であったが，障害者雇用にはもう一つの背景があった。就業人口の多くを占める団塊世代の定年による大量退職は"2007年問題"と呼ばれ，企業の人事制度に大きく影響するこの大きな出来事は2007年から2009年まで続いた。障害者雇用という観点で考えると，年齢が高くなるにつれ，疾病などを原因として中途で障害を持つようになる人が多く，この団塊の世代のなかに障害者手帳保有者が多かった。故に障害を持つ定年退職者の補充のために障害者採用が活発に進められた。しかし，2009年に大量退職は終了し，今後は障害を持つ求職者の売り手市場はこの頃のようには望めないのである。

　新卒見込みの登録者のなかには療育手帳保有者が多い。彼らは卒業直前に親から告知され，就職直前に療育手帳を取得したのである。本人は大学を卒業できたので，大企業で就業したいと希望するが，障害者雇用枠とはいえ，大企業が新卒採用では厳選採用を行うため，コミュニケーションを苦手とする発達障害者にはハードルが高い。

3．専門学校卒（アルバイト就業中）

　専門学校を卒業した発達障害者は，一般就労での就職活動に成功せず，やむなくフルタイムではなく週3日程度のアルバイト就業をしている者が多い。最初の職業選択でミスマッチを経験するも，その後も本人の特性に適しているとは思えない接客や販売の仕事に就いているケースが多い。

4．一般就労

　一般就労で壁にぶつかり，行き詰まってから自己の特性に気づいたこの層には高学歴の者が多い。新卒で一般就労を経験し，3カ月〜1年未満で最初の会社を退職している。その後多くが転職を繰り返し，派遣社員として働いた経験を持つ。派遣社員として特定の指示命令者下で定型化された業務を行うことは発達障害者とっては働きやすく，職場の人と密接な交流を持たなくてもよい環境は都合がよかったと思われる。

　相談に訪れる手帳保有者の多くは診断を受けてほっとしたと言う。手帳を取得していない相談者には手帳を取ると障害者雇用枠の対象になり，障害者雇用枠で就業する場合のメリット，デメリットがあること説明する。手帳を取るか取らないかは自己の判断であるが，正社員に求められるものとは何か，職種，仕事内容，転勤，会社の辞令を受け入れられるかということを説明する。正社員は常に働きぶりが評価されることを理解し，本人が正社員としてやっていけると思えば手帳を取る必要はない。ただし，なんらかの配慮が必要なら，障害を開示して働く選択肢があることを説明している。手帳取得は最終的に自己の判断に任せられるが，本人への障害の告知についての保護者からの相談が多い。告知のタイミングは重要で，状態が良いときに行う必要があるだろう。前述のように，求職者本人の自己認識が必要なので，告知とまでいかなくとも場面ごとに本人の苦手さをすこしずつ伝えていく必要性があるのではないだろうか。

V　障害者雇用枠での就労

　個々の障害受容までの経過をみると1年半〜2年くらいかかっていることが多い。障害者手帳を取得すると障害者雇用枠の採用の対象になるが，手帳を取っただけではすぐに採用には結びつかない。どのようなことができるか，自分の特性を理解しているか，どのような仕事が向いているかを

個々に話し合いながら進めていく必要がある。本人はなんでもできると安易に考え，職場で求められる能力レベルに及ばないことに気づいていないことが多いのである。現在の雇用の厳しい状況では障害者雇用枠で必ず就職できるとは限らないが，障害を開示することにより適切な配慮が得られ，長期雇用の安定につながると言える。障害の種類は身体障害，知的障害，精神障害の3種類があるが，精神障害者の雇用はまだ十分に進んでいない。2008年度（6月1日現在）では身体障害者数366万人に対し，実際に民間企業で働く身体障害者数は33万人，知的障害者は55万人のうち，就業者は5.6万人，精神障害者は303万人中，就業者は7千7百人しかいないという現状であった。

　就職活動は戦略的に進めていく必要がある。2010年現在法定雇用率1.8％に対し，全国平均では1.63％，東京は1.56％であるが，企業の規模によって状況が異なる。1,000人以上の企業では法定雇用率の1.8％を超えている。この数字が証明するように法定雇用率を達成し，採用基準が高い大手企業だけを目指すと就職は難しい。中小企業も視野に入れるとまだ法定雇用率未達成企業がたくさんあるので，より採用の可能性がある。法定雇用率未達成企業にはハローワークからの行政指導があり，法定雇用率を満たさない従業員数201人以上の企業は納付金制度の対象となる。従業員数301人以上の企業は法定雇用率に足りない人数×月5万円，一人当たり年間60万円の納付金を納める（従業員数201〜300人の企業は平成27（2015）年6月までは減額措置により一人不足ごとに月4万円である）。大手企業ほどコンプライアンスを背景に障害者雇用に積極的に取り組んでいる。行政指導がさらに進むと企業名公表に至る場合もある。厚生労働省にホームページに法定雇用率未達成企業として社名掲載，あるいは新聞記事として報道されることもある。企業名公表は企業イメージの低下につながるので，意識して障害者雇用が進められている。

VI　企業の求める人材像

　日本における障害者雇用はコンプライアンス，CSR に基づくものであり，障害があっても戦力になる人，明るくコミュニケーション能力がある人，前向きな人，そしてパソコンのスキルがある人が望まれる。外資系企業，ベンチャー企業では周りと協調して仕事ができる人，問題解決能力のある人などさらに条件が難しくなる。

　発達障害者にはハードルの高い条件ではあるが，面接対策としては自己紹介ができて，自分は何ができるかを伝えられることが必要である。コミュニケーションが苦手でも自分には仕事をする意欲があること，部活動やボランティア活動あるいはアルバイトではこういうことをやってきたと言えると面接の成功につながる。特に自分の特性，職場でほしい配慮をどのように伝えられるかというところが重要である。自己理解なしに自分の特性を伝えることはできない。特に就職成功例では自分の特性と職場でほしい配慮を具体的に伝えることができていた。例えば「自分は複数のことを同時に言われると混乱するので，一つずつ指示してほしい」「全体の流れが掴めないので，全体の流れを文書にしたものを用意して貰えるとありがたい」など，ほしい配慮を具体的に伝えられることが重要である。

　求職者からは「自分に合った仕事を紹介してほしい」「長く勤めるために相談できる人がほしい」という要望が多い。そして正社員という処遇にこだわる求職者も多いが，正社員採用にだけこだわると応募できる求人が極端に少なくなるので，条件を柔軟に広げていけるかどうかが就職成功のための課題になる。企業からは，契約社員からのスタートでも正社員への登用を目指し，ポジティブに頑張ろうと柔軟に考えてほしいというコメントがある。障害者雇用における処遇に対する企業と求職者の考えにはまだ乖離がある。

VII 就職活動の実際

1．障害をどのように伝えるかが重要

　「自分の障害を受容していること」「自分の障害の特性の分析ができていること」「希望する配慮を具体的に伝えられること」「過去の職場での不適応がきちんと説明できること」ができる人が面接に成功する．少なくとも自分のできる仕事がわかっていることが必要である．「これはできない」「あれができない」とできないことばかり伝えると，企業としてはどのような仕事を任せてよいのかわからない．できないことはきちんと伝えることが必要であるが，できることもきちんとアピールすることが重要である．就業経験がある場合，どんな場面で困ったか，コミュニケーション全体の把握や代名詞（あれ，これ，それ）で指示されると理解できないなど具体的に伝えることが必要である．また，仕事の進め方がわからないときは自ら質問しなければならない．わからないままに進めると結果的に仕事のミスにつながることになるので，自分から質問できる力をつけてほしい．仕事の全体の流れを掴めない人が多いが，対策としては，「全体の流れが掴みにくいので文書でください」と依頼し，文書を貰うようにしたい．文書で貰うことが難しい場合は自らフローチャートを作成する，あるいは誰かに相談して作成に協力してもらうなどの方法がある．「優先順位がつけられない」「臨機応変な対応ができない」「同時に複数のことを指示されると対応できない」などは発達障害者の苦手さとして共通している．周囲の関係者に事前に伝え，配慮を依頼しておくことが必須で，スタートしてからも問題があれば，さらなる対応を依頼することが職場での定着に結びつく．

2．就職活動での問題点

　自分のやりたいこととできることのギャップが大きいばかりか，求められているスキルがわからない発達障害者は多い。パソコンのスキルを取り上げると，大学生であればWordでレポート作成をするので，"Wordが使用できる"イコール"パソコンができる"と思っている。しかし，企業で求められるパソコンスキルとはWordでなくExcelである。仕事でExcelがどのくらい使えることが必要なのかを具体的に伝える必要がある。想像力の不足から求人票の内容の読み取りができない求職者も多い。パソコンの使い方を習っただけの軽作業の就業経験しかない人が"パソコンリテラシーの高い方"という高レベルの条件のついている求人に応募しようとする。その求人に応募しようと思う理由を尋ね，時間をかけて本人の適性に合う仕事について一緒に考えていくことが必要であろう。

3．自己紹介文

　新卒者には自己紹介文をどのように書いてよいかわからないという人が多い。履歴書や自己紹介文の書き方の出版物は多数あるが，事例と異なる部分が一カ所あるだけで，どのように書いてよいか困惑し，自己紹介文が完成するまで2カ月も時間がかかる場合もある。一方，転職歴が多い場合は職務経験を一つ一つ詳しく書き過ぎて，要約して書くことができないという問題が発生する。周囲に相談できる人がいれば就職活動についての疑問を一つ一つ確認し，解決しながら進めていくことができるであろう。支援者は必ずしも専門家である必要はなく，家族，友人，知人でもよいのではないだろうか。

4．間違った就職活動

　障害者雇用枠の求人のみを掲載する障害者専門の就職情報サイトがいくつか運営されている。就職活動のチャネルとして，インターネットを利用しこのサイトから企業へ直接エントリーする方法と，民間企業運営の障害者専門の就職フォーラムに参加する方法だけを利用する求職者がいる。サイトやフォーラムに参加するのは大手企業であることが多く，大手企業の正社員求人だけに応募することになる。大手企業の多くは法定雇用率を達成し，正社員と同等のレベルの厳選採用を行っているため，いくら応募し続けても成功することはない。大手企業の正社員求人への応募を繰り返し，不成功の原因の分析ができないまま1年，2年と就職浪人を続けている求職者も少なくない。そのため，就職活動にあたっては十分な情報収集と分析が必要である。就職の可能性を高めるためにはより職種の幅が広く，求人数の多いハローワーク求人にもチャレンジすることが必要である。また，今後就職活動をうまく進めるためには履歴書にブランク（空白の期間）を作るのは不利であることを理解しておいてほしい。また，自分一人で行う就職活動がうまくいかないときはさまざまな就労支援機関を利用することを知り，支援を得ながら就職に結び付けたい。

Ⅷ　特性と仕事

　職場で想定される主な職種について紹介する。図の左側をご覧いただきたい。企業から依頼される求人はIT系や事務系などの職種が中心である。オフィスのなかで行う軽作業としてはデータ入力，ファイリング，DMの封入封緘などもある。大手企業には某大な量の郵便物に対応するメール室業務がある。そのほか，情報セキュリティが重視される昨今では大量の書類の破棄が必要な部署には書類のシュレッダー処理という仕事がある。あるいは紙をなくして情報を電子化するためのスキャニング業務（PDFファ

図　特性と仕事

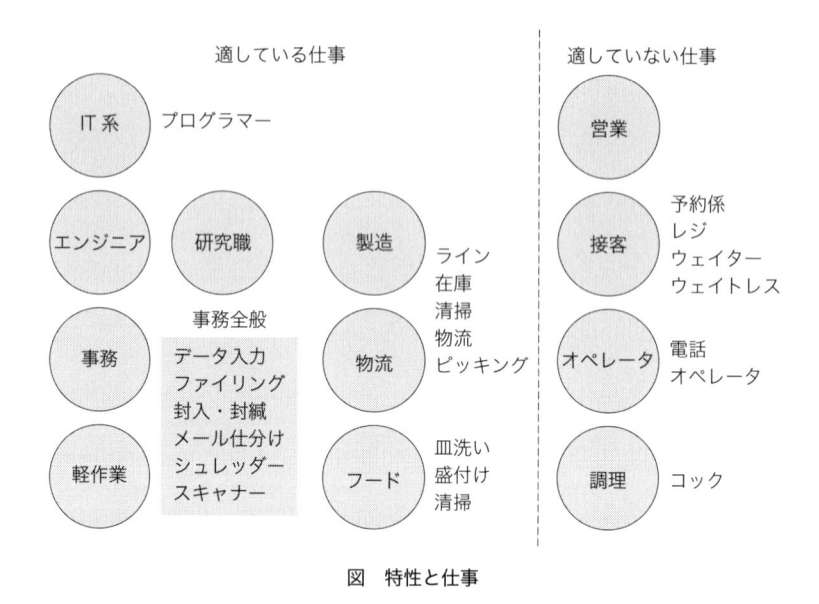

適している仕事
- IT系：プログラマー
- エンジニア
- 研究職
- 事務／事務全般：データ入力、ファイリング、封入・封緘、メール仕分け、シュレッダー、スキャナー
- 軽作業
- 製造：ライン、在庫、清掃、物流、ピッキング
- 物流
- フード：皿洗い、盛付け、清掃

適していない仕事
- 営業
- 接客：予約係、レジ、ウェイター、ウェイトレス
- オペレータ：電話オペレータ
- 調理：コック

イルを作成）という業務がある。これらの業務は未経験者も取り組みやすい。図中央の製造，物流，フードサービスなどは特別支援学校で企業実習を経験し，実習で本人の適性をみて採用される場合が多い。テンプル・グランディン氏の著書『アスペルガー症候群・高機能自閉症の人のハローワーク』と同氏のWebサイトには発達障害者に"適している職業"と"適さない職業"が掲載されている。図の右側は求職者の経験から発達障害者には適していないと判断される職業である。求職者のなかにはウェイトレス，調理，コールセンターなどを最初の職業選択として就業し，結果的に離職につながったケースが多い。これらの短期離職につながった職種は上記の書籍やサイトで紹介される"適さない職業"と重なる。

1．職業選択のミスマッチ

1）女性　20代　専門学校卒　ADHD　ウェイトレス

　卒業後，人と接することが好きでウェイトレスの仕事を選択した。仕事を開始するとオーダーを間違えて，怒られてばかりという状況が発生した。短期記憶の苦手さにより複数のオーダーを覚えることができず，離職につながった。その後，事務職にキャリアチェンジしたが長期継続に至らず，現在は資格試験に合格し，技術職に就いている。

2）男性　20代　専門学校卒　未診断　コンビニアルバイト

　専門学校を卒業後，一般就労で製造のライン業務を経験しているが，作業スピードに対応できず，短期で離職した。未診断であるが，マルチタスクや臨機応変な対応ができないなど，苦手さは限りなく発達障害の特性と重なる。就職活動の媒体としてタウン誌を活用している。掲載求人はコンビニやファーストフード店，レストランチェーン店など接客業務が多いため，コンビニでアルバイトをする機会が多い。コンビニのアルバイトはレジの対応の他に提携カードを案内することになっている。例えば，「〇〇カードはお持ちですか？」と顧客に聞き，顧客がそのカードを持っていなければ，即座に「失礼しました」と臨機応変に応対する必要があるが，その場に応じた対応ができず，クレームに至るケースが多かった。その他にも，カウンターに落としたおでんを販売しようとしてクレームを受けた。この男性は顧客の視点で考えることができないため，接客業は不向きであると考えられたので，適性について話し合い，物流や在庫管理業務のような顧客と直接接する機会の少ない業務を勧めた。現在は物流の職場での就業が継続している。

3）男性　20代　大学卒　アスペルガー症候群　ホテルフロント

　フロント業務は実に多岐にわたる。宿泊客や来訪者のさまざまな注文に応じる他，現金やクレジットカードも取り扱い，予約や問い合わせの電話

も受けなければならない。しかもこの仕事にはスピードと正確さが要求される。この男性は顧客の意図が汲めないためクレームを受けることが多く，上司からたびたび叱責を受けて傷つき，退職に至った。現在はキャリアチェンジを目指し，資格取得のため勉強中である。

4）男性　20代　大学卒　アスペルガー症候群　電話営業
　新卒で入社した会社では電話営業（テレアポ）を担当したが，企業の求めるもの（先物商品の販売による利益の追求）と自分の倫理観の板挟みになり不適応を起こした。現在は事務系の職種を目指し，就職活動中である。

5）男性　20代　専門学校卒　アスペルガー症候群　調理
　調理を志すも飲食店の現場はマニュアルがなく，「親方や先輩の背中をみて覚えろ」という職人の世界であり，スピードと臨機応変な対応が求められる。この男性は実際に調理場に入ってみて，先が読めず，言われたことしかできない，目分量がわからない，という自分の特性に初めて気づいた。結局調理の業務を断念したが，調理といってもマニュアルがあり，作るメニューが限られている場合には対応できたかもしれない。現在は職種を変更し，物流の仕事に携わっている。

6）男性　20代　大学卒　アスペルガー症候群　ユーザーサポート
　新卒で採用された。言語能力は高く，誠実で落ち着いた印象から採用面接を受ければすぐに採用された。就労後に仕事の先の見通しが立てられないこと，優先順位がつけられないことが判明し，期待された業務がこなせないため短期離職を繰り返している。ユーザーサポートの業務では顧客との対応で即座に答えられないことはたくさん出てくる。そのような際には「その件は確認して連絡します」と対応すればよいのだが，黙り込んでしまい，クレームが発生した。診断を受けて離職を繰り返した理由を認識し，顧客対応のないデータ入力などを中心とする業務に変更した。

7）男性　20代　大学卒　アスペルガー症候群　コールセンター
　新卒で入社した家電量販店では売り場へ配属された。専門的な知識を提供する売り場での販売は比較的対応しやすいが，その後顧客からの問い合わせに対応するコールセンターへ異動した。コールセンターの業務でもアウトバウンドという顧客へ発信する業務はマニュアルがあれば対応できる。一方，インバウンドという顧客からの電話を受ける業務は顧客がどのようなことを言ってくるかわからないため，対応の難易度が高い。顧客が怒っていることに気づきにくく，クレームを発生させてしまう問題が生じた。現在は顧客対応のない商品管理の部門で正確性を重んじる特性を活かして活躍している。

2．職種の選択にあたり注意すべき事例
1）IT系職種
　発達障害者に向いていると言われているIT系職種では，コンピュータのプログラムを作成するプログラミングの業務が向いている。一方，コンピュータシステムを使った情報処理方法の設計を行うシステムエンジニアは若いうちはプログラミングを行うが，経験を積み，年齢が上がっていくにつれ，リーダーとしてメンバーを取りまとめることが求められる。また，顧客との交渉も発生し，交渉にうまく対応できないばかりか，話の流れを掴むことができないため，顧客の要望を取り違えたりする。社内外での調整を行う必要が生じてから，自らそれを行うことが難しいと認識するのである。故に，発達障害者にはコミュニケーションが求められるシステムエンジニアは適さないと思われる。
　開発の仕事はユーザー先で作業を行う就業形態もある。短期間の開発案件も多く，1カ月ほどの短期間で派遣先が変わることもある。そのたびに新しい環境に適応しなければならない。仕事内容は同じでも環境変化に対応することが苦手な人もいるので，仕事内容のみを考慮するのではなく，

就業環境にも注意する必要がある。

2）介護サービス
　人のために働く大事な仕事だと聞いて，安易に福祉の世界を選択するケースも多い。いざ働いてみると利用者が何を求めているか読み取れないという困難に遭遇する。また。自分の身体の動きのバランスが悪く，介助の動作自体が苦手な人も多い。人の役に立ちたいという本人の気持ちとは裏腹に，利用者の安全というリスク管理の点で難しい部分がある。

3．特性と経験を活かした就業事例
1）女性　30代　大学卒　アスペルガー症候群　経理事務
　自分の適性として数字を使った仕事が向いていると考え，簿記2級の資格を取得していた。仕事の正確さ，集中して取り組む姿勢が評価され，即座に採用が決まった。自分の特性をよく理解しており，「さまざまなパターンのある決算まで担当するのは難しい」と自己認識していた。多様性のない営業経理補助からスタートし，慣れるまでは1日の仕事を指導者に必ず確認してもらいながら就業を開始した。会社も人数の少ない部署に配置するという配慮を行い，順調に就業を継続している。

2）男性　30代　大学卒　アスペルガー症候群　編集業務
　販売などの数社で就業経験があるが，事務系の業務は未経験であった。大学時代の編集経験とDTP（デスクトップパブリッシング：コンピュータを用いて，印刷物の原稿入力やレイアウトを行うこと）のスキルを取得していたことが企業の求人とマッチし，採用が決まった。社内誌の編集業務に特化して就業を続けている。

3）女性　30代　短大卒　広汎性発達障害　図書室業務

　豊富な事務経験を持ち，高いパソコンスキルを持っている。前職のベンチャー系企業に就職してから新しいことを覚えるのに時間がかかり，スピードを求められることに困難を感じるようになった。図書室の業務はすべて定型化されていてスピードを求められない。接客もパターンが決まっているので，発達障害者も対応できる。就業開始後に多少の業務の変更はあったが，順調に就業している。

4．その他の業務

　事務未経験者の場合は事務アシスタントとして，データ入力やDMの宛名作成，封入・封緘などの簡単な業務からのスタートが好ましい。個々の特性によるが電話対応の取り次ぎ程度なら可能であるし，備品の発注など決まった内容であれば十分に対応が可能である。

　オフィス内軽作業として大量のデータの修正やデータファイルの作成などの業務もある。一般的に企業は事務アシスタントには女性を希望する場合が多い。発達障害は男性の割合が多いが，男性にはハードルの高い事務系の求人を希望すると就職は厳しい状況に陥る。男性向けに想定されている求人はメール室の求人などが多い。事務系以外での職種の採用事例を見ると，アパレル店舗での品出し業務やファーストフード店の清掃業務などの他，フライドポテトなどの単品を扱う調理の業務などがある。フードサービスの店舗などでは皿洗いやサラダの盛り付けで活躍している。

　アパレル業界や物流関係に加え，最近増えてきた通信販売会社の倉庫のなかで，伝票やリストに基づきピックアップした商品を一つの箱に梱包して発送する"ピッキング"という業務がある。伝票やリストの内容に基づいて対応する業務なので発達障害者に比較的向いている仕事と言えるだろう。

IX 今後の課題

　第一に企業のなかの発達障害に対する理解が速やかに進んでほしいと思う。人事担当者だけでなく，配属先まで理解が広がらないと雇用が定着しない。次に多様な働き方の受け入れが必要である。現在の企業の人事制度では正社員はさまざまな部署で経験を重ね，管理職になっていくことが求められる。いろいろな面で得手不得手のある発達障害者は皆と同じ正社員の働き方と成果を求められるのはつらい。例えば専任職のように，管理職にならないことを選択するなど多様な働き方があってもよいのではないだろうか。疲れやすくフルタイム勤務が厳しい人には短時間勤務の働き方ができてもよいと思う。企業は多様な働き方を受け入れてほしいし，求職者には自己の能力を最大限に活かすことを望みたい。発達障害者のなかには自分が何を得意とするかを理解していない人も多い。自分の特性を知り，自分の能力を最大限に活かそうとチャレンジする心意気を持ってほしいと思う。また，企業で働くということがどういうことであるかの認識が欠けている場合もよく見かける。企業側からは常に求められるのであるが，企業の求めに応じた労働は常に努力を必要としている。仕事を遂行するうえでの協力や調和を図りつつ，大勢の人と共に長時間一つの職場で過ごさなければならない。自分がそのような環境でもやっていけるかどうか，早い時期からさまざまな情報を認識する必要があるであろう。また支援者や支援機関に相談することで，個人では収集できない情報を得て，第三者の助言を得ることで自己認識が促進されることもある。この場合，重要なのは就労を目指す本人が自ら決定することであり，自覚を持って決定しない限り，就労も就労継続も難しい。一人でも多くの発達障害者がモチベーションを持って就労できるよう，弊社はこれからも就職支援と情報の発信を行っていく所存である。

第12章

鼎談

藤森　和美・糸井　岳史・松浦　正一

藤森　みなさん，こんにちは。よろしくお願い致します。今日は，糸井先生，松浦先生をゲストにお呼びして，発達障害者の就労支援をテーマに，発達段階の問題も含めて，議論していきたいと思います。今，発達障害者たちの就労の問題はとても大きなテーマになっています。もちろん，就労していらっしゃらない方や就労していても困難な人の問題もあるんですが，もっと早い段階で私たちができることとか支援することも，もしかしてあるのかもしれないという視点での提言なり，今の課題などを話し合えればな，と。まず糸井先生が，今，お勤めになっているクリニックのお仕事を簡単にお話ししていただけますでしょうか。

糸井　私は精神神経科の医療機関で臨床心理士として仕事をしています。医療的な業務としては，心理検査をとったり，その結果を患者さんやご家族に説明したり，後は就労や職場適応の問題も含めて，心理相談，心理療法などを行っています。

藤森　世代的にはどのくらいの世代の方がターゲットになってらっしゃるんですか。

糸井　年齢の若い方では幼児期くらいからいらっしゃいますし，年齢の高い方では，成人期の30代～50代くらいまでの，あらゆる年齢の方がいらっしゃいます。

藤森　クリニックや診療所といった医療機関からのアプローチを行っている。

糸井　医療機関のなかだけで発達障害を見ていると，自分の見方や経験が偏ってしまうので，なるべく他の領域（司法，学校教育，社会福祉）でも，すこしずつですが，お仕事をさせていただくようにしています。

藤森　糸井先生自身がそういう多方面に関わっていた方がバランスが取れるということで職域を広くされているというイメージでよろしいでしょうか。

糸井　そうですね。所属している医療機関の方針で，そのように仕事をしているのではなく，まったく個人的な気持ちから，さまざまな領域でバランスよく臨床の場を持ちたいと考えています。

藤森　ありがとうございました。松浦先生は，臨床場面で発達障害の方に関わるのは，どういうところでしょう。

松浦　関わるのはスクールカウンセラーとして働いている小学校，中学校，そちらのほうで関わることが多くなっていますね。あとは，以前に教育センターなどでも働いていたので，そこで小中高のお子さんと関わっていました。

藤森　私自身の関わりで言うと，トラウマに関わることが私のメインの研究ではあるのですが，いろんな事件事故の被害者や加害者で発達に問題を抱えた方であったり，小中学校等の教員のなかにも発達障害を抱えたような方がいらっしゃって，なかなか生徒さんとコミュニケーションが取れないというようなことの相談を受けたりすることがあります。一方で大学では，どうやら発達障害らしい学生さんが，大学のなかにいて，レポートが書けないとか，お友だちとうまくコミュニケーションを取れないとか，どうしても孤立してしまいがちになっていきます。そして，実際には単位が取れなくて上に上がれない，または何とかそこをクリアしても，就職活動していくことが非常に難しいというようなことがあったりして，大学としても何らかのサポートをしていかなくてはいけないと思うのです。ただ，私自身は臨床心理士という立場でいますけれど，他の学科の先生とか，他の領域の先生にしてみると，「発達障害ってなあ

に？」って，多くの方がご存じないから，あまり課題をこなせない子とか，人を傷つけることを言ってしまう子とか，うまくコミュニケーションが取れない子という形にしか映ってなくて，もしかしたら発達障害という視点を持って関われているのは一部の人たちなのかなという気もしています。

　そういうわけで，発達障害者への支援はあらゆる世代と領域においてとても大事なテーマなので，今回この就労支援という題材のなかですこしずつ明らかになっていけばいいかなと思っています。これは松浦先生にお伺いしたいのですが，小中学校では発達障害をもつ子どもたちに対する支援に積極的に取り組み出している印象を持っています。これは最近のことですよね。

松浦　2007年から特別支援教育というものを積極的に取り組みましょうという，改訂された学校教育法の施行がありましたので，そこからですね。本当に4年ぐらい前から，その前からもちろん発達障害ということについては研修もありましたけれど，全国的に取り組み始めたのは4年くらい前からということになると思います。

藤森　そうすると，小中学校でも走り出したばっかりということですよね。というと，今の大学生たちはおそらくそういう前の教育を受けてたりとか，先生方のなかにもそういう概念があまり入っていない，自分がもしかしたら発達障害かもしれないということを知らないできている子たちがほとんどかもしれないですよね。

松浦　そうですね。ですから現場というか，教員の研修としてわりと力を入れ始めたのがおそらく7年，8年くらい前からなんですよね。小学校はそれでようやく定着，浸透し始めたかな，というところはありますが，中学校，高校はまだまだというのが実感ですね。

藤森　私自身が専門家なのにいかがなものかと自分自身を振り返って思うのは，「発達障害」という言葉でくくってしまうのですが，あまりにもいろんな特性があるお子さんたちをみんなそこに入れ込んでしまっていて，

本当にそれが合っているのかどうかということもわからないまま，指導しにくいお子さんを全部「発達障害」というふうに言ってるのかもしれないな，という不安もあるのですが，その辺りを糸井先生は現場で活動されていてどうご覧になりますか。

糸井 もともと「発達障害」という用語は非常に幅の広い対象を含んだ概念で，持って生まれた発達上の偏りがあるという意味で，発達障害という用語を使っているので，多様な状態像の子どもたちを同じ診断名のなかに入れています。そのため，一人ひとりを丁寧に見ないと，「発達障害」あるいは「アスペルガー症候群」などの診断名だけで，その子どもについて理解できることは少ないと思います。

　「発達障害」の概念が非常に幅の広い対象を含んでいるという問題が一つと，もう一つは，仮に発達障害のあるお子さんだとしても，「発達障害」という一つの視点だけで，すべてが理解できるわけではないという問題があると思います。いろいろな視点から，お子さんであれ大人の方であれ理解していく必要があるのに対して，あまりにも「発達障害」という見方が注目されたことから，「発達障害」として見ることで，何かがわかったかのような感覚を支援者の側が持ってしまうという問題と，大きく2つの問題があるのかなという印象があります。

藤森 学校現場では，あまり心理テストだったり発達検査ということは，スクールカウンセラー自身が行うということはないわけですよね。そうすると学校の先生が今，いろんな知能検査を講習会などで勉強なさったりもしているんですが，ただ概念自体をきちんと整理しても，いくつも重なっているお子さんもいたりしますよね。また発達障害だけじゃなくて，家族や家庭の問題も重なっていたりする。でも，何か難しいと発達障害ということで，みんなが，支援者側が「発達障害だから仕方ない」と落とし処を見つけて，それ以上の支援をしなくなる。発達障害だから難しいんだよね，というところで，どうも一歩引き下がってしまう。ある意味，距離を持って巻き込まれないと言うことではいいのかもしれな

いんですけど，さっき，糸井先生もおっしゃっていた，「発達障害」という言葉で「理解できないのはしょうがないよね」みたいなところが見受けられるのが気になっているんです。

糸井　ご指摘のような「発達障害」というくくり方の問題と関連して，特別支援教育が始まってからは，「発達障害」のある子どもたちに対する指導のマニュアル化という問題があると感じています。

　発達障害と呼ばれる子どもたちを効果的に指導するテクニックがどこかにあるかのような期待を持っておられていて，その指導法のノウハウを，学校の先生方が，スクールカウンセラーや専門家と呼ばれる人たちに求める姿勢が顕著になったような感じがします。日本の学校の先生方がこれまで伝統的に大切にされてきた，「子どもとの心のつながり」といった気持ちの側面が，「発達障害」という視点によって弱くなってしまったような，そういうさびしい感覚を持つことがあります。

藤森　まさに，診断というか，ラベリングをすることで，先生たちが楽になるところもあるかもしれませんが，心のつながりに基づいた関わりが横に置かれて，関わり方に正しいプログラムや指導テクニックみたいなものがあるんじゃないか，という誤解があるかもしれませんね。

糸井　そういう誤解はあると思います。松浦先生がおっしゃられていた教職員向けの研修の影響もあると思うのですが，例えば，「教室には掲示物はないほうが良い」とか，「座席は教卓の前に置く」などのマニュアル的な技法だけが普及してしまうことは，以前より生じやすくなっているように思います。これは，研修を担う私たち専門家の責任でもあると思うのですが，指導の前提になるような子どもとの関係性の視点が抜けたまま，具体的な「支援の方法」だけが，表面的に伝わっているようにも感じます。もちろん，特別支援教育が開始されたことで，発達障害のある子どもへの理解がすすみ，発達に偏りのある子どもたちに，学校で必要な配慮が受けられるようになったことなど，よりよい教育的な支援がされるようにもなってきています。プラスの効果も十分にあると思うので

すが,「発達障害」やその支援が,あまりにも画一的に受け止められてしまうと,マイナスの影響も出てきてしまうのかなと感じています。

藤森　先生たちとしてみれば,研修で習ったことが,刺激が多いと気が散っちゃうから前のほうに座らせると良い。プリントとかビラビラしてるとそっちに気が行っちゃうから,ちゃんと止めたほうが良い。そんなことがわかり,異なる視点が得られ,妙に納得して,そんなことでこの子たちは気が散ってたのかというふうに,ピタッと入りすぎたので,じゃあやってみようというふうになる。そうなると,あんまり応用は利かなくて,むしろステレオタイプなアプローチになっちゃうのかもしれないなとお伺いしていて思います。あと,私も学校の先生とお話しすることが多いんですが,どうしたらいいんですかという「支援方法」についてすごく聞かれますね。いろんな場面で,正しい答えを求められることがあって,きっと先生たちは,教室では子どもたちに「自分で考えようよ」って言っているはずなのに,わりとすぐに正解を欲しがっているように感じられます。今の学校教育は正しいことをたくさん早くうまくやれることがいいという教育で,そういう教育を受けた人たちが先生になっているので,もしかしたら学校全体がそんなムードになってるのかなって感じることがあるんですけど。松浦先生は,スクールカウンセラーで地道に毎週毎週学校に入って活動されているなかで,そういう先生とのキャッチボール,またはご家族とのキャッチボール,この2点についていかがお考えですか。

松浦　学校の先生方は確かに今お話があったように,正しい答えとか,たとえば,アスペルガー症候群であればアスペルガー症候群にあったプログラムか何かがあるのではないかということで答えを求めてくることは多いですね。それは,現場の先生方としては困っているのでそれは仕方がないことかなと思うんですが,そこで,何かこちら側も答えではないんですが,「こういうことはやってみましたか」とか,「こんなことはどうですか」ということを提示してあげたり,あるいは,実際にクラスの

なかに入って，子どもたちとか先生方の様子を見て，「ここはちょっと子どもにとっては不適応を起こしやすいんじゃないか」ということをアドバイスしたりすることはあります。どうしても現場で一緒にやっていくうえではアドバイスをしていかないと，相談しても当てにならないというふうになってしまうので，そこはある程度答えるように，答えられるようにやってはいます。ただ，子どもたちを，すこしでもよりよく，いい方向に，という思いは一緒なんですが，立ち位置が違うように感じることはあります。あちらは教育をする人，こちらは臨床心理の人という点で，ちょっとずれたり，意見がかみ合わないようなところはどうしても出てくると思います。それは甘やかしているんじゃないかとか，そんなこと他の生徒もいるのでできませんとか，自分たちの力量ではちょっと無理，学校の現状としては無理ですとか，そういうのがあったりします。あと，親御さんたちに関しては，診断名とかはどうでもいいと，どうでもいいけど，まず子どもの特徴を知ってほしいということで，こちらから検査をお願いするような場合があります。まず子どものいい点とか悪い点とか，何ができる，できないのかというところをすこし把握するために検査を，ということでお話しをする場合があります。学校の様子やこちらが観察した様子などをつかんで，お母さんのほうにわかりやすく，実際にどういうふうな生活をしていて，どんなふうに困っていたり，あるいは苦戦していたり，あるいは逆によくできていたり，うまくやれているのか，そういったところを丁寧にお話しして，親御さんとはまず関係をしっかり作る必要があります。そうして，子どもの特徴を理解してもらう。そして，その特徴を活かすために検査が必要というふうに話しています。

藤森 親御さん自身が，自分のお子さんの特性であったり，特徴に関してよく理解している場合と，それを受け入れたくないというケースと，理解はしているけれども，そういう特徴もあるんだけれど，学校に対して，またはお友だちに対して，それを自分が受け止めているのと同じように

受け止めてほしいという思いがあったりとか，お会いになって，学校のなかでも今度は保護者サイドとかっていうのがきっと難しいのかなっていうところは思うんですけれど，その辺りは，学校，小中学校の場合でしたら親御さんとのコミュニケーションのなかで，親御さんはどのくらいお子さんを理解して，どういう期待をされていて，という部分を含めて，親御さんにどう対応なさっていますか。

松浦　まずひとつは，親御さんが，カウンセラーのところに来るのは，ひとつは何か学校でトラブルが起きてしまって，担任の先生のほうからちょっとこういう方がいるから，専門家からちょっと話を聞いてみたり相談してみてはどうかというようなところで来てもらうパターンがひとつと，親御さん自身が，何かちょっとおかしいなとか，テレビで今，発達障害とかLD（学習障害）とかアスペルガー症候群とかいろいろやりますので，そういうのを見てうちの子もそうなんじゃないかしら，というふうに不安になったりしてくる場合があります。自分の子どもがそうなんじゃないかとくる場合には，もちろん子どものことに関して気にかかっている部分があるわけですからいいんですが，何かトラブルがあっていらっしゃる場合には，起きた出来事というかトラブルのことをどのくらい親御さん自身が把握しているのか，把握しているけれども子どもの言うことをそのまま鵜呑みにしてしまって来ちゃっているのか，それともいくつか情報を得たりとか，子どもはこう言ってるんだけどどうかしらっていうふうな思いで来ているのかとか，そういったところは一つ話を聞くなかで，気にする，というかアセスメントしています。親御さんがどの程度その出来事とか自分の子どものことを思ったり考えたり，これからどうしていこうと考えているのかというところを，それをある程度客観的に見ているのか，一緒になってあたふたしているのかというところを話とかやりとりのなかで，アセスメントしていくというところはあります。

藤森　そうすると，本人もそうだし，お子さんも，小学生だったり，もっ

と小さいお子さんだったりとか，自分のなかでの困り感というのがあって，たとえば保護者の方も保護者の視点からの困り感みたいなことをどのくらい持ってくださっているかが，とても，大事なポイントになってくるところですね。今，松浦先生がおっしゃってくださったように，保護者の方が客観的な視点を持った困り方をされている方であれば，その方たちに対してより正確なアセスメントを行う必要がありますし，また支援する側からも困り感に寄り添うことがかなり重要な，ある種の資源になるところです。けれども，糸井先生なんかも，たとえば小中学校から社会人になっていくプロセス，それこそ発達課題のなかで学校という枠が外れちゃったときに，じゃあ大学まで出ました，または高専まで出ました，大学院まで出ましたという子たちが，今度は職場といったところに，枠のない，もうちょっと会社にとって，企業にとってとか，社会にとって有益なことをアウトプットしてくださいというニーズが出てきたときのご本人の困り感や，保護者さんとか，または企業のなかでの困り感に寄り添って支援を行っていると思います。こういう，武蔵野大学で公開講座を企画したときも，わりと企業側からとか，ハローワークの方とかいらっしゃったりして，やっぱり学校の先生と同じで，「どうしたらいいですか」ということをすごく聞かれてくる。私たちはその方に会っていないし，全然わからないんですけど，こういう研修やセミナーにくると，すごくいい答えをもらえるんじゃないかというようなことを思っていらっしゃるようです。すごく困っているというのはわかるんですけど，なかなか困り感が私たちに伝わってこないことがあるので，糸井先生自身は実際に就労支援という形でアプローチしていらっしゃる立場で，学校という枠を出ると支援者がだんだん乏しくなっていくわけですが，クリニックであったり，ときには刑務所とか犯罪に関わるようなところでそういう人たちが持っている困り感や，困っていない感，現場で感じることがあったら教えていただければと思います。

糸井 就労のことに絞らせていただくと，藤森先生がおっしゃられたこと

は，雇用される当事者本人の困り感というのと，雇用者側の「困り感」というか，「当惑される」という問題があるのだと思います。

　雇用される側の当事者について，さらに問題を細かく整理すると，先生方が大学で支援されている学生たちのように，職業生活に移行するところで生じる困難さと，雇用されて職場に配属されてから生じる困難さがあると思います。

　職業生活に移行するときの，いわゆる就職活動では，発達障害のある当事者が躓きやすいポイントがいくつかあります。例えば，履歴書を書く，面接試験を受けるまでに必要な書類を準備して面接のアポイントをとる，つまり就職活動上の段取りをつけること，そして実際に面接試験を受けるなどの一連のプロセスがあります。その一つ一つにさまざまな困難さがあるようです。

　就職以後の職業生活では，仕事そのものが他の同僚と同じようにできるかどうか，職業生活にふさわしい服装や身だしなみをすること，遅刻・欠勤などの勤務態度上の問題がないかどうか，対人関係を含めて職場の生活に適応できるか，が問題になりやすいポイントです。

　また，就職活動においても，職業生活上においても，当事者が発達障害の診断を得て，障害者雇用という枠組みを利用する場合と，未診断で発達障害の特性があるという自覚がないまま，それに取り組もうとする場合とでは，出てくる問題の大きさや内容も異なると思います。雇用する企業のほうは，一般雇用の枠組みで採用する場合には，基本的には他の社員と同じ働きをすることを前提にしていると思います。雇用者側の当惑は，発達障害のある当事者が，診断も自覚もないときに，もっとも大きくなるのではないでしょうか。また仮に，発達障害の診断が出たとしても，一般雇用として採用している以上は，人事異動などの多少の配慮をしてもらえることはあっても，配属された部署では，他の社員と同じように仕事をすることが求められると思います。

　就労の問題で躓いている当事者がかかえている問題が，一般雇用の枠

組みのなかで解決できることなのか，障害者雇用という法的な枠組みを必要としているのかを，支援者は整理して考える必要があると思います。

藤森 そうすると，もしかしたら診断を受けていらっしゃらなくて，企業側としてはお困りになっていて，どうしたらいいかって，枠内か枠外かと考えると，やはりどうしても冒頭の話にあった正しいアセスメントいうところが重要になってくるんでしょうか。

糸井 そうですね，その当事者の特性や職場の状況から，「発達障害」という法的な支援の枠組みを利用する必要がある方なのかどうかを見たてる力は，支援者には求められると思います。

また，障害者雇用の制度を活用したほうが良いと考えられたとしても，当事者本人が望むのかどうか，ということも大切なことだと思います。子どもでも，本人の意思を尊重することはもちろん大切なのですが，特に青年・成人期の人生上の選択に関わることでは，本人の選択，「自分はどうしたいのか」というところが，支援をするうえですごく大事になってくると思います。

周囲がいくら「こうしたほうがよい」と勧めても，最終的に本人が「自分で選択をした」という気持ちが持てないと，うまくいかないことや，思い通りにならないことがあったときに，自分の力で解決していこうとする姿勢が生まれにくいように感じています。

だから，発達障害の診断を受けること，障害者雇用の制度を活用することについては，診断を受けることのメリットとデメリット，障害者雇用を活用するメリットとデメリットを，支援者が情報を整理し，当事者やその家族が理解できるように丁寧に説明したうえで，最終的には本人に選んでいただくというプロセスが，大切なのではないかなと考えています。

藤森 そうすると，全部の臨床に通じることなんですが，ご本人がどうしたいのかということっていうのは，治療目標であったり，契約のときに必要であったりしますけれども，それを飛び越して，良かれと思ってい

ろんなこと，いろんな支援をしても，マッチングしない。これはやっぱり，どんなにその子があまり現実的ではないことを考えているにしても一度は受け取っていいんですけど，どうしたいのか語っていただく，どう思っているのかと。そうして，このままいけばこうなっちゃうよねとか，でもここでこういうふうに，障害者手帳というものが発行されてそれを持つとこうなるよとか，選択肢をすこし広げてあげるというような視点が大事だということですね。

糸井　そうだと思います。発達障害があることを前提として考えると，自分の人生についての現実的な選択肢を，そのいろいろな可能性をイメージしてクリエイトしていくことが難しいことがあります。

　それぞれの選択肢についてのメリットやデメリットを考えることや，それぞれの選択肢を選んだときの結果を予測しながら，そのときどきの状況と，自分の個性や能力的な特性を考慮しながら，自分の人生にとって，一番よい結果になるように大事なことを決めていくというプロセスが，うまくいかないことがあります。

　発達障害があることで，人生上の意思決定が，さまざまな意味で難しいことがあるので，そこは支援者としては，すべてを本人の自由に任せてしまうのではなく，上手にガイドしていく必要があると思います。

　「すべてを自分の意思で，自由に決めていいですよ」というのでも支援にはならないし，かといって，「こうしたほうがいいですよ」と押し付けても支援にはならないと思います。選択肢について整理しながら情報提供をするということと，そのうえで本人の選択を尊重するという面と，双方がないと難しいかなというふうに思いますね。

藤森　そうすると，もちろん現実的に糸井先生が良かれと思う選択と，違うほうを選んでも自己決定してその人がやるといったら，それを尊重して，でもまた戻ってくるかもしれないという心構えをしておく。うまくいくこともあると思うんですけど，過剰な自分への要求を自分に課してしまったとしても，それを無理矢理止めるわけにはいかないわけですよ

ね。あと，親御さんの期待とかっていうのも，あると思うので。

糸井 ご本人や，あるいはお子さんの場合にはご家族が，支援者が「望ましい」と考える方向ではない選択をしようとすることは，臨床場面ではよく出会う問題だと思います。

そのような場合の対応も，ただ「それで，いいですよ」と言うのではなく，その選択に伴うリスクについての情報を提供するようにします。

発達障害の有無にかかわらず，何かを選ぶということは，何らかのリスクが伴うことですよね。特に人生上の選択には，リスクのない選択はないと思います。そのリスクについて，具体的にどういうマイナスの結果がありうるのかということと，もしそのように，自分が望まない結果になった場合には，どのように対処するのかということを話し合っておくようにします。これはもちろん，本人を脅すためにするのではなく，その結果に対して自分で責任がとれることが大人として大切なことですよ，ということを強調したうえで，そのような話し合いをするようにしています。

どうしてそのような話し合いをしておくのかというと，これも発達障害を前提とした場合の話ですが，「リスク」や「自分の選択によって，自分が望んでいない結果が生じる」という視点が持てていないことがあるからです。また，本人にとっての「メリット」だけが見えていて，「デメリット」という視点が持てていないこともあります。そういうところが考えられていないということが，支援者として見えているのに，そこを何も指摘しないままスルーしてしまうのは，支援者として無責任だと思います。ただ，本人に選んでもらえばよいというものではないです。

そのようにリスクやリスクへの対処方法についての話し合いをしたうえで，それでも，本人が選択するのであれば，それは本人の意思を尊重するようにします。ただ，リスクについての話し合いを通して，本人や家族の選択がよりリスクの少ないものに修正されることも珍しいことではありません。

藤森　そこは専門家としての先行きの，ある程度の，見取り図というか，それを持つ必要がありますね。

糸井　もちろん本人の選択の結果が，必ずしもマイナスとは限らないので，リスクのことだけを話し合うのではないのですが，あえて「マイナスの結果」についても話し合っておくことを重視しているのは，その結果の予測や対処方法のイメージが本人のなかに準備されていないと，本当にうまくいかなかったときに，精神的に破綻してしまうことがあるからです。最悪の結果として「自殺」ということも，ありえないことではありません。「定型」と呼ばれているような方々の場合には，まったく自由に人生の選択をして，自分の夢や希望が実現できなくても，その挫折から何かを学んで，方向性を修正するという柔軟性が機能するので，本人の自由な選択に任せるという方法もあると思います。しかし，発達障害の特性が強い場合には，すべてを本人の意思に任せてしまうことは，先程述べたような，さまざまなリスクを伴うと思います。

藤森　だから，本当に，大きな事件とかが起きて，加害者がいろんな問題を抱えていて，高学歴であったのにどうしてここで躓いちゃったのかなとか，時々ニュースを見て思います。やっぱり，勉強さえしていればある程度暮らせていて，仕事も，優秀な子できてしまったんだけれど，他のいろんなスキルとか学習以外の能力のところでずいぶん取りこぼしがあって，自分もそれを感じていたんだろうと。そして，いざ社会に出てみると，学校のなかほど守られてなくって，そういったときに，自尊心の低下が怒りになったりして，時には人を傷つけたりとか，自分自身を傷つけるという問題行動化するというのが伺えますよね。

糸井　それはあると思います。就労の問題に限っても，仕事をする以前に，働くことについて，知識の面でも体験の面でも十分なイメージを持つことができないことが多いので，発達障害のある当事者は，準備不足に陥りやすいように思います。

藤森　本当にそういう面では，いきなり，社会人になって，あなたはこの

後働くのよ，って言われても，学生たちはおおむねなんとなく，やがて自立しなきゃいけないとは思っているんでしょう。でも大学生の就職率ってとても厳しくって，就職をいったんはするんだけど，すぐ辞めてしまう学生が，卒業生が，社会的に多くなっている。子どもたち，小学生とか，中学生，自分がどんな大人になってどんな人生を歩んでいくんだろうみたいな，それこそ，さっき糸井先生が言ってくださった，就労に関するイメージみたいなものを，もうちょっと長いスパンで，子どもにとって生きていくとか働くっていうことは，どういうことなのかを考える必要があると思うんです。今の子，発達障害のお子さんだけじゃなくて，とにかくお勉強して頑張って成績よくしていけばうまく成功する人生が待っているというような幻想を抱いているのかなという気もしないでもないんです。その辺は子どもたちは，働く，大人になるってどんなことだっていうふうに考えているんですかね。働かなくてもいいじゃないかっていう説もあるじゃないですか。何で働かなきゃいけないのっていう。

松浦　それは，なんで高校に行かなきゃいけないのっていうのとおそらく同じような感じですね。目的がちゃんとある子もいますけれど，みんなが行くから私も行くというようなところも多くの子どもは持っている。自分はこういうことがやりたいから，あるいは，保母さんとか看護婦になりたいとか，ある程度目標を持って高校を選択する子もいますけど，ほとんどは自分の実力と合わせて，たいていの人が高校に行くからどこか行かなきゃということで行ってしまうことが多いかなと思うんですよね。ただ，学校の先生方はもうすこし先のほうを眺めていて，実際この子が今，発達障害のお子さんもそうなんですけど，こういうところでうまくいかないというようなところがあったときに，このままでは高校に行ってから絶対困るとか，あるいは，社会に出るまでにこの部分を何とかしないといけないという思いがあって，小学校なら卒業するまでに，中学校であれば中学校3年間で何とかっていう考えで指導を行うことが

多いと思います。在学中で必ずしも全部できるわけではないだろうし，途中で終わってしまうことも多いので，今はずいぶんこのお子さんがこういう特徴があるので中学校でよろしくとか，加えていわゆる中1ギャップというのがかなり話題になったので，小中連携が割とやりやすくなってきています。ただ，まだ中学校から高校へというふうになってくると，高校の場合は情報を欲しがっているのに，中学の側はやっぱり教えることが，ネガティブ，マイナス面の方に注意が行ってしまう。その子に不利になってしまうんではないだろうかと，余計なことを考えたりする。逆に中学の側が情報を伝えたい，そんな思いはあるのに高校側が親御さんが了解すればお聞きします，ということがあったり，まだうまくつなぎができていないなぁ，という印象はありますね。小中は義務教育なので，公立の場合ですが，連携が良くなってきていますね。高校になってくるとそううまくいかなくて，そこがこれからの課題となるでしょうね。

藤森 シンポジウムで参加していただいた先生のなかに，工業高等専門学校に入ってくる生徒さんのなかに，少なからず発達障害の方がいらして，就労のところでとてもお困りになったけれども，地元の企業さん，やっぱりお子さんの特徴をすごく丁寧に説明していって，地元のなかでこういう子たちを受け入れてくれる企業さんを作っていくというのを頑張って活動していらっしゃる後藤先生っていう，佐世保の先生がいらっしゃって，本当にその努力は，とても一教員ができる仕事じゃないんじゃないかっていうくらい熱心にやっていらっしゃるんです。関東圏に住んでいるとなにもかもが合理的に効率的に動いていくことが日常化しているので，なかなかこう，生徒さんや働いている方に対しても，きめ細やかな支援が行き届かない。どういう支援がされてきたのかが途中で切れちゃって，松浦先生の話のように高校で切れちゃうとか，大学に入ってくる頃には全然わからないという状況なので，また一からなんですよね。クラス担任制ではないし，突然あの子来てないみたい，と言われて，先生がびっくりして，親御さんも行ってると思ってた，と言われ

ちゃって，というところはあるのかも。大学のなかではもう新学期始まって早々時間割も組めない。ある程度の成績で入学しているにもかかわらず，身の回りのことが全然できなくて，時間割も組めないし，友だちにも聞けなくて困ってしまう。今インターネットで時間割とか全部登録するようになっていて，そういうことの組み合わせができないとか言って，学生相談室に突然現れたりする。そういうことが増えてきています。大学の学生相談室では，他のケースもいっぱい抱えているなかで，発達障害の学生も抱えるとなると，ほとんどパンク状態になってしまうというのも現実的にはあるというふうに伺っています。高校を出ちゃうと，高校という枠がどの程度発達障害の方を支えてくれているのかわからないんですけど，大学になるともっと資源が無くなってしまった感じで，ぽつんとなっちゃう感じがあって，小中とすこしずつつなげているものを高校大学でどうやってつなげていって，なおかつ本当は大学から企業さんへとか，地域へって，していかないと多分，とても細切れの支援という感じがしてしまうんですけれど。

松浦　一貫したというか，小学校の6年間に積み上げてきた，トレーニングしてきたことが，中学校で活かされなかったり，中学校で積み上げてきたものが今度高校に行ったときにまた一から作り直しとか，それまでできてたことが進学先でできなくなることがあるかなと思います。そこがちゃんとつないでいけると，さっき糸井先生も移行期の問題をお話しされてましたけど，移行期にこれまでできていたことや，伸ばしてきたこと，あるいはその子の特徴とか，こういう環境ではちょっとうまくいきませんよ，ということがわかっていると助かります。うまくいかないかもしれないというところがわかっていると，受け手側，受け入れ側は工夫の準備ができる。そこをまたつないでいったり，環境をうまく構成して行って，受け入れていくことができる。そこがこう，移行期にうまくつないでいけると，就職や就労まで行きつくかどうかわからないんですけど，少なくてももうすこし将来が明るくなってくるんではないかな

というふうに思いながら，小学校や中学校の方に関わっています。

糸井 移行期に伴う問題は，ポイントになるところは2つあると思います。一つは，いま藤森先生がおっしゃられたように，環境の変化に伴う問題がありますよね。環境の変化が生じただけでも，対処が困難になりやすい方が多いと思います。それは，新しい環境におかれたときに，今まで手掛かりとして使えていたものが一気に使えなくなってしまい，そのなかで新しい対処方法を再度構築するまでに困難さが生じるからです。

それが一つと，もう一つは移行期に伴って発達課題が高次化する，より難しい課題が要求されることに伴う困難さがあると思います。この2つの質の違う困難さによって，移行期の困難さが作られていると思います。

もともとスキルとしてはあるのに，新しい環境におかれたことで，そのスキルが使えなくなっているという問題なのか，それともより高いスキルを要求されるようになったことで発達的に躓いているのかを，支援者が理解できると，移行期に躓いている当事者が，何で困っていて何を支援する必要があるのかが，もうすこし見えてくると思います。

藤森 例えば，問題は解けても，レポートが書けない生徒さんって結構理系でもいらっしゃったりとか，文系でもいるんですけど，書けない，とにかく書けない書けないと言って，出さないと成績がつけられないというので，こうやってレビューってやるんだよとか，手取り足とり教えてもそれでもなかなか入らない。できない学生さんはもちろん苦労するんですけど，多分教員も混乱するんですね。この子だけ特別扱いはできないし，みたいなのがあるんです。親御さんとそんなにコミュニケーションをとってるわけではないので，その子に成績をあげていいのかどうかとか，特別な課題をこの子だけ出していいのか，みたいなのが多分，先生方も悩まれるんじゃないかなというふうに思うんですね。さっきおっしゃっていたように，ある種，大学って就職するための教育をするところだと大学側が企業化してますので，学生が課題をクリアできなければ，あなたは社会に出て行ってもダメですよ，みたいなことを，提示してい

るところがあって，厳しくなっている。GPA（Grade Point Average：成績評価指数）が良くないとダメだとか，単位，レポートをきちんとか。2, 30年前の大学なら，もっと緩やかな，ある種モラトリアムを堪能できた時代でもあったんですけど，現在の大学はある種キツキツした課題のなかで，もっと上をもっと上を，というなかで，じゃあ，プログラム化し，細分化し，各授業にシラバスを作って先生方も細かく今日の単元はこれやります，としたからと言って，その発達障害の学生さんたちにとって，大学が居心地よくなるかというと，ちょっと違うんだなというふうに常日頃，授業をして，学生さんの困りどころが違うというところがあるので。

松浦 発達障害もいろいろなので，そこで困る発達障害の人と，そこでは全然困らない人がいるんだと思うんですけど，困る人だけが困る，大学という制度に自分の特性が合わない人たちが困難さを感じると思うんですけどね。

藤森 どの社会でも，例えば，小学校でも中学校でも，大体の標準，スタンダードな閾値があって，そこからはみ出ちゃうと，その子にとっては行きづらいところになってしまう。でも，小学校も中学校も，何とか閾値のなかでやってきた。見事に大学もクリアして社会に出て行って，結婚して，「結婚って何？」といったところで，個人のパートナー，愛着を持つパートナーとなって，初めて破たんをきたすというケースも，私はあるように思います。カウンセリングをしていると，夫婦生活のなかでとてもコミュニケーションがうまくいかなくて，見た目も普通の方だし，社会適応も悪くない。でも，数回のデートではわからなかったんだけれど，一緒に生活していてとてもぎこちなくて，しかも，悪気のない裏切りがあったりして，パートナーの方が泣きながら駆け込んでくる，みたいな相談も結構あったりするんですね。

　定年退職が60歳から65歳まで延びてきていますよね。人生のある時期に，特定のイベントがある。典型的な発達課題で仕事を持つとか家族を作るとか，老いを受け入れながらやがては自分の人生の終わりまで行

くみたいなことは，一つの発達課題として提唱されているんですが，なかなかオリジナルの，その人独特の人生設計って，この発達障害の概念が明確になってくる前は，よく私たち専門家でも，昔ってこんな人たちどうだったっけ，っていう話をして，うーん，ちょっと変わった人がいたかもしれない，で終わっていた。そういうところがあって，でも，今は，もしかしたら診断名がついている方たちや，診断名がつかないグレーゾーンの方たちや，なんとかやっている人たちが，人生がどういうふうに進んでいくかということに対して，今，例えば医療という一つの支援があったり，福祉という支援があったりするんですけど，支援者側，私たちは教育の現場であったり，臨床の現場であったりとかするんですけど，もっと例えば企業自身も，企業も困ってよくわからないというのが事実で，どこを支援していいかもよくわからない。だからといって，じゃあいきなりジョブコーチを，といっても，とてもそんな余裕はないとなったときに，社会全体がこの人たちだけでなく，みんなが，いろんな方たちが生きていく社会を作っていくときに，どこに何を投入していったらいいのかなっていうのが，理想論になるかもしれないんですけども，糸井先生なんかも，就労のほうをすごく直接的にバックアップされているんですが，もしこんなことがあったらいいな，みたいなのってありますか。企業に求めることとか。

糸井 支援を通して感じることの一つは，発達障害の就労の問題は，今の日本の雇用情勢や労働条件の問題と切り離して考えることはできないということです。

　発達障害の当事者のなかには，ゆっくりとですが経験を積むことによってよい労働者になれる方もたくさんいるように感じています。ただし，他の人より時間がかかることや，周囲の支えが必要なことが少なくありません。そうなると，時間や労力などの効率性を優先してしまうと，どうしても発達障害のある方は排除されてしまうことが出てくるのではないかと思います。経済競争が厳しい現状では，雇用者側の思いとして

は，手間ひまかけて人を育てるよりも，最初からすぐに戦力として働ける人を採用したいという思いが強くなるのも仕方がないのかなと思ってしまう部分も正直あります。

　しかしながら雇用する側に，あるいは社会全体に寛容さやゆとりがあれば，より多くの発達障害のある当事者が雇用され活躍できるようになるとも感じています。そういう意味で，本当に希望したいことは，もうすこしゆとりや寛容さのある社会にならないのかなということです。長い目で見れば，発達障害の有無にかかわらず，多くの労働者にとって健康で豊かな社会であるように思うのですが，今の日本が進んでいる方向とは，まるで正反対ですね。

　また，既に「障害者雇用」という制度で就労されていて，活躍されている当事者の方々もたくさんいらっしゃるのですが，その場合に，もうすこし何とかならないのかなと思うことは，給与等の雇用条件面のことです。生活保護水準以下の給与で雇用されている方々が少なくありません。なかには，すこしの配慮があるだけで他の一般雇用の同僚たちと同じように仕事ができる方もいるので，こうなると企業にとって「障害者雇用」制度が，安い賃金で労働者を雇用する新たな制度にもなりかねません。ただこの問題も，日本人全体の所得水準が下がるなかで，障害者雇用だけが突出して改善されるとも思えません。

　このような現状を見ていると，私たちが行っている支援というのが，本当に当事者のためになるのだろうか？　という疑問がわいてくることがあります。就労に伴って，当事者の自己肯定感が増すとか，自分の欲しいものが買えるとか，気持ちの面でも経済的な面でも豊かになるという生活の質の向上が伴って，当事者の方々がそういう生活をしたいと，自ら望んでいるのであれば，それをサポートすることは，本当の意味での支援と言えるのでしょうが，生活の質が下がるとか，より苦しめるようなことになるのなら，それはもはや支援とは呼べないのではないかと，自分のなかにも整理できない気持ちがあります。

藤森　人生の生き方のなかに，さっき言ったように，仕事をすることというのがドンとあって，特に男子は仕事ですよね。就労について女子大学生にアンケートなんかをとると，就労希望なんですよ。みなさん，働くキャリアウーマンになりたいというふうに思っているんですけど，けっこう，子育てのときは，小学校入るくらいまでは仕事を辞めて，中断して，また何らかの形で戻りたいという希望が多いんです。それって，私たちが数十年前，30年くらい前に，25くらいまでに結婚しないとクリスマスケーキとか言われて，お嫁さんになることが人生の目的みたいな時代とあまり変わらないんですよね。そうすると，現実的には雇用のチャンスが増えている，パートタイムを含めて子育てにお金もかかるので働かざるを得ないお母さんたちが増えてきているんだし，男子の場合，働かなくていい，何かしなくていい，自尊心も保てて周囲もOKだよっていう居場所はなかなかないですよね。

糸井　そうですね。就労以外の居場所や人生の選択肢がなかなか見当たらないにもかかわらず，「障害者雇用」も含めて就職や就職後の職場適応が難しいことがあるので，大変だなと思うのです。

　だから，恐らくニートを予防する目的で，学校で「キャリア教育」という形で，中学生くらいから仕事をする意識を持たせていくということがされていますが，それは就労で躓く当事者にとっては，とても酷なことではないかと思います。特に発達障害のある当事者の方々は，発達特性として，とても真面目な部分があるので，一度「働かなければならない」という価値観を取り入れてしまうと，なかなかその価値観を修正することができません。もちろんそれで，仕事がうまくいけば問題はないのですが，「働かなければならない」という価値観が強く教え込まれる一方で，「でも働けない」ということになると，精神的にはかなり追いつめられてしまうと思います。

　発達障害の就労支援に注目が集まることが，正直言って，あまりうれしい気持ちになれないことがあります。理想を言えば，仕事をすること

が生活の質を高めるものであってほしいと思いますが，雇用条件，職場環境，仕事内容などの面で，たくさんのそうではない状況があり，また就労が困難な状況におかれている当事者がいるなかで，支援のオプションの一つとしてならばよいのですが，青年・成人期の発達障害の支援として「就労支援」だけが注目されるのはどうかと思います。

　国レベルでは，おそらく「生活保護費削減」の動きと一体で，「キャリア教育」や「就労支援」が打ち出されていると思うのですが，その施策に乗っかるように，「このままでは将来困るよね」とか，「お父さんやお母さんだって，いつまでも一緒にいられるわけではないし」などと，支援者としては善意で言っているのでしょうが，当事者にとっては脅しにもなるような言葉を，支援者が当事者に言い聞かせているという話もよく耳にする話です。発達障害の就労の問題は，そうやって精神的に追い詰めれば可能になるような簡単な問題ではなく，それどころか「就労」を繰り返しテーマにすることで，将来的な精神的な破綻のリスクを高めてしまう可能性もあることをもっと知っておいてほしいと思うのです。

松浦　学校もそうで，学校で不適応になって不登校になってしまって，というのは多いんですよね。そうなったときに，もちろん学校に来なさいという働きかけも，やっぱり学校は行かねばならぬ，というような価値観，考え方を押しつけるところはあるわけです。みんなそう思っているので，その本人も苦しいなかで，来たからといって特別なプログラムを準備されてるわけではないですし，もちろん，さっきの糸井先生がおっしゃったように，本人がそのプログラムにのらなかったりするわけですね。ですから，そこをどうやってこの子にアプローチしていくのかとか，しかもこの子ができるだけ挫折感とか，そういう価値観の悪循環みたいなものにはまりこまないように，できるだけ自己肯定感とか自己効力感を味わいながら，なおかつ学校，学校じゃなくてもいいかもしれないですけど，どこか学校の代わりになるところ，学校へ行かなくても何かこういうことができて，それでOKという形が取れないのかということを

やっぱり心理士として考えています。そのことを学校とか親御さんとかに説明していくような，そういうアプローチをしていくことはすごく大事な役割ですよね。スクールカウンセラーならではの大切な役割の一つなんだろうなというふうに思いますね。

糸井　今の話を聞いても思ったのですけど，何かができないとか，うまくいかないということ自体も大変なんですけど，特に思春期以降になると，うまくいかないことに加えて，うまくいかない自分に苦しんだり，悩む人が多くなってくるのではないかと思います。

　そこは，本来は，予防できるところだと私は思っていて，自己肯定感とか，「できないことがある自分でもよい」という気持ちを育てていくことができれば，できない自分に苦しむことを予防できると思います。

　以前，ある当事者の方から「子どものときから一人でいると，先生に『友だちと遊びなさい』と指導された。自分はどうやって遊べばいいのかわからないのに，『みんなのなかに積極的に入りましょう』と先生から指導され続けた。その結果，自分はいまだに友だちがほしいとは思わないのに，友だちがいなければならない，という考えだけがある。だから，友だちと一緒に過ごしたいわけではないのに，休日に一人でいるとそれではダメという気持ちがしてくる」というお話を聞かされました。

　「友だちがほしい」と心から感じている場合はまた別ですが，この方の場合には，自分で「友だちがいなくてもいい」とか「少なくてもいい」と考えられれば，大人になってから苦しまずにすんだはずです。下手をすると，学校教育でも就労支援でも，知らず知らずのうちに，将来の「苦しみの素」を，当事者の心のなかに埋めていってしまうことが起こり得ると思い，自省の意味をこめてですが，支援の難しさを感じます。

藤森　最初の話に戻ると，オプションのなかに，働くこともあるよ，というのが当事者のなかにあり，しかも，それで大変なこともあるけれど自分はちょっとやってみたい，ということをやってみたりとか，でも働かなくって生活保護を受けていたりとか，社会状況ではかなり厳しいんだ

と思うんですが，昔は発達障害に関係なく，たくさんの人が第一次産業に就労できていた時代がありましたね。家業を継いで，田んぼで稲を作って農繁期は忙しいけれど，農閑期はほとんど働かなくても，最低限食べていけるくらいの暮らしは営めていたという時代がありましたね。でも，日本のなかで，ゆったりと時間を過ごすというようなこととか，現金収入がそれほどなくても生活できるとか，そういう部分で，価値がかなり狭められてきた。それは発達障害だけじゃなくて，他のハンディを持っている人たちや一般の人たちもそうなんですけど，かなり，ぎゅーっとこう価値観を決められてきて，なおかつ，ご丁寧に，小さなステップをいっぱい作ってもらっているので，やっぱり踏み外してもそこにも，またステップがあったりして，理想的な人生のあり方みたいなところに持っていこうとしているのは事実かなというふうな気がします。若いときって，糸井先生たちが担当していらっしゃる青年期って，自分が大変だって普通の人たちも苦しむ時期なのに，その人たちができないことで自分がダメだってやっぱり思っちゃって潰れちゃうというのは，それは抑うつ気分になっちゃったり，反社会行動につながっちゃったりということを二次的に作り上げている私たちにも問題があるのかなということで。最後に，今日の，討論の結論として，いろんな発達障害のあり様，むしろ，いろんな人たちがいろんな困り方をしているし，いろんな，実際生き方もあるんだよ，というなかで，先生方は，今やってみたい，わりと近々にこういうことを自分は発達障害の人たちにアプローチしてみたいんだとか，試していることがあったら教えていただけますでしょうか。糸井先生ありますか。

糸井 私は，臨床心理士ですので，心理療法をするのが自分の仕事だと思っています。就労支援を目的としたデイケアのなかでは，集団心理療法のプログラムを担当しています。その心理療法のなかで，私なりに大切にしたいと思っていることの一つは，当事者の方々が，自分で自分の生活や人生のことを選んでいけるようになるということです。支援者が

良いと思うことを，一方的に押し付けるのではなく，当事者が自分で選んでいけるようになることをお手伝いしたいと考えています。

なぜそういうことを考えているのかというと，発達障害のある当事者を支援していて，時々感じることは，その時々の環境や刺激に「動かされてしまう」ということがあるからです。「パソコンを見たら，ついパソコンのスイッチを入れて，気づいたら朝だった」のようにです。パソコンを開いてもいいし，朝までやることが悪いのではなく，それが複数のオプションのなかから選択された結果ではなく，「なんとなく」やってしまうというところに不自由さがあると感じます。そうではなくて，やる前に複数の行動の選択肢がイメージできて，さらにその行動の結果が予測できて，そのうえで「パソコンを開く」なり，やめておいて違うことをやるなりのことができればよいと考えています。

オプションが作れるようになることと，その結果を考えられるようになる，しかも短期的な結果と長期的な結果を考えられるようになる。そのうえで自分にとって一番いいものを選べるようになる，簡単に言うと，それを集団心理療法のプログラムとして洗練させていけたらと考えています。

その結果，当事者の方々が，就労の成否にかかわらず，自分の人生を生きるというところをお手伝いできればいいと思うことと，そのときに，支援者自身が結果をあせらずに，ゆっくりとやっていけるとよいかなと。もともと持っているいろいろな特性を認めながらも，それだけではない可能性もすこしずつつけ加えていくような支援が，ささやかながらですができたらいいなと思います。

藤森 ありがとうございます。松浦先生いかがでしょうか。

松浦 私が今，学校で難しいと考えているのは，結局，さっき糸井先生の話を受けてになりますけど，就職や就労をしなければならないという価値観や考え方が根づいてしまうのはやっぱり親御さんの思いがあり，教師の思いがあり，子どもがまだ発達段階としては未熟というのか，発達

の途中の段階ではあるので，どうしても親御さんの希望とか要望とか，それと学校の先生の，この子にこうなってほしいという思い，こういうふうに育ってほしいという思いとか，そういうのがあって，それが微妙にからんでくるので，子どもの思いだけ，こうしたいという選択肢とか思いだけではなくて，大人の思いが入りこんでくるところがちょっと難しい。今，私のほうでスクールカウンセラーとしてやっていることとして，親御さんの思いなり学校の先生の思いなり本人の特徴とか苦戦しているものとかを考え併せて，うまくその3者とか，場合によってはそこに教育センターとか教育委員会とか入ってくることもあるんですけど，そのあたりを上手に調整していくということをしています。子どもを含めてですけど，全体がつながっていることとか，全体を知っている人っていうのがあまりいないんですね。あるところまでは，つながっているけど，どこかの時点で途切れちゃっているというようなことが多いので，そこをうまくつないでいく。つないでいくというのは，私が間をつないでいったりとか，私が双方の考えをうまく取り入れていきながら方向を探っていくというようなところをやっています。それから，就学や進学の段階で，小学校から中学校にくるときに，先程中1ギャップの話をしましたけど，そこで不適応が起こらないように，小学校のころから親御さんや担任の先生ともスクールカウンセラーがつながっていく。子どもを観察するだけでなく，場合によっては子どもとつながって，様子を見て，今の中学校の状態で，ここはこんなふうに工夫できるんじゃないかと，受け入れ態勢を整えていくというところでしょうか。そこを上手に調整して，うまくいっている例もありますし，うまくいかなかった例もあるんですけど，そういうところをできるだけ上手にやっていけるように，次につないでいけるようにというようなことを今やっています。まだ，なかなか難しいところもあります。学校という場は，一人のためにサービスを提供することに抵抗感を持ちやすいので，みんなに共通のサービスとして，みんなのためにもなるし，この子のためにもなるとい

うようなサービスの提供ができるといいんです。ただ，なかなかそこがうまくいかない。「制服がいやだ」というような子がいると，「制服じゃなくてもいいよ」というふうにはなかなかならないのが学校だったりする。それでもそこをなんとかねじまけてOKというところもあるんですけど，本来の「学校」という枠組みのなかで，適応というか，そこに収まっていくのは難しいことが多々あります。私たちの役割としてはできる配慮はやっていくということをこれからも工夫しながら求め続けていくということになると思います。

藤森　ありがとうございました。私自身としての興味も，お話を糸井先生と松浦先生にお聞かせいただいて，本当にこれは発達障害にかかわらず，臨床の基礎なんだなということをすごく思って，先生がおっしゃる自己決定感を促すとか，自我が育っていくということであったりとか，いろんな人がいろんな困り方をしていて，支援者側が足並みが揃わないことは，発達障害の人だけじゃなくていろんなところで起きていることであったりとか，とそういうようなことをすごく感じていて，やっぱり私たち臨床に関わっている人間というのはすこし他の人よりも，ちょっと特異な価値観を持っているというのが，この領域の人間のいいところでもあり，ちょっと変わったところでもあるなと思うんですけど，そういう人がいないと，世の中どんどん同じ価値観になったり，もう一方が浮いちゃう，息苦しくなっちゃう，というところがあるんだなというのを改めて感じたので，多分，産業領域や福祉，医療の領域であったり学校であったり司法であったり，それこそいろいろなところでいろんなアプローチができるんだろうなということを感じました。本当に今日はありがとうございました。

糸井・松浦　ありがとうございました。

おわりに

藤森　和美

　大学生や大学院生を教育している間，さらに彼らを社会に送り出すときに，学生が抱える発達障害の課題に関わることがあります。幼児から青年期まで，保育園，幼稚園，学校や大学という枠の中で守られていた生活から「卒業」という形で社会に出て行きます。その中には，社会適応がうまくいかず，転々と仕事を変えたり，中には自信を失い心理的に落ち込み引きこもりの生活に入る人も出てきます。そのときに，もっと発達の早い段階でコミュニケーションの問題や資質を延ばしてあげていればと考え込むことがありました。

　このことがきっかけで，小学校や中学校での臨床場面でも，発達障害や近接した問題を抱える子どもたちに対応するときに，まずは保護者や教員に子どもの目の前の姿だけでなく，将来を見通す考え方「この子どもが大人になったときに，どうなっていて欲しいですか」と尋ね，具体的なイメージをもってもらうようにしてきました。そして，なるべく早い発達段階で，子どもの特徴を理解し育てていくことを提案するのです。

　本書が，発達障害に関わる皆様，またはご自身のキャリアの発達のお役に立てて頂けることを心から願っております。

索　引

A–Z

ADHD.......9-11, 14, 17, 23, 30, 34, 37-41,
　　　　　50-51, 111-112, 163, 166, 175, 221
DSM...........................11-12, 14, 16-20, 95
ICD 12, 95
IQ 18, 106, 111
LD 9, 15
SST 140

あ

愛着 35, 120, 245
アスペルガー障害.................... 11, 34, 133
アスペルガー症候群....12, 79-80, 94, 103,
　　　109, 111-112, 115-118, 121, 124-126,
　　　136, 164, 176, 178, 212, 221-224,
　　　　　　　　　　　　　230, 232, 234
アセスメント 74, 234-235, 237
いじめ 83, 85, 152, 164, 166, 178
一般就労.. 214
遺伝 41, 49
遺伝子 38

か

階層的支援.. 171
解離性障害... 80
カウンセリング 170, 180, 245
学業面の躓き 26, 165
学習指導.. 106
学習障害.. 9-10, 15-17, 34, 44-45, 79, 103,
　　　　　　　　　　128, 133, 162, 234
　特殊な――... 44
学生相談室...........................170-171, 243,
学校教育法.. 229
過敏 12, 114
感覚過敏....................................... 85, 166
感情コントロール.............................. 63, 90
管理職 226
企業 130, 131-132, 216
気分障害.............................. 67, 73, 80, 103
虐待 35, 43, 184
嗅覚 12
教育委員会 154, 253
共感 112, 199
共同注視..99-100

索　引 | 257

高機能広汎性発達障害 80-81, 94
高機能自閉症 .. 9, 13, 22, 80, 94, 102, 129,
　　　　　　　　　　　　　　153, 164, 167
行動療法 52, 55
広汎性発達障害 ..10-13, 16-17, 19, 34, 46,
　　　　48, 79, 82, 95, 98, 101, 103, 112-115,
　　　　　　　　　120, 124, 128-130, 225
告知 71-72, 75, 81, 89, 103, 213-214
コミュニケーション 12, 23, 43, 83, 88,
　　　　　　　　　　136-137, 140, 200, 217
非言語的コミュニケーション 19
コミュニケーション障害 16, 19-20, 48,
　　　　　　　　　　　　　　　　　88, 159
コミュニケーションスキル 59, 76
雇用 133-134, 135
　障害者── 137, 139, 214
雇用促進法 153

さ

支援組織 167
自己肯定感 247, 250
自己効力感 249
自己コントロール 76
自己紹介文 218
自己認知 89
自己理解 29, 71, 74
思春期 66, 71
自閉症 12, 29-30, 34, 46-48, 79, 88-89,
　　　　　91, 95-96, 99, 111, 113, 126, 129,
　　　　　　　　　　　　　　　　162-163
自閉症スペクトラム 11, 26, 46

社会性 54, 83-84, 87, 212
社会的スキル 59, 64-65
社会的自立 88
就職活動 217-218, 219
就労移行支援 148, 151
就労継続支援 149, 151
就労支援. 27, 74, 77, 79, 81, 128, 151, 174
就労状況 129
就労上の問題 166
障害
　質的な── 94, 95, 98
　二次── 14, 67, 68, 69, 73-74, 84
障害者雇用率制度 154, 156-157
障害者自立支援法 79, 148-151
障害者手帳 27, 128, 153-154, 157, 177,
　　　　　　　　　　　　　　180, 213-214
障害者の雇用の促進等に関する法律 .. 147
障害受容 214
障害認知 89
情緒障害 166
衝動性 14, 24, 38-39, 41, 43, 110, 112
小児期 61
小児崩壊性障害 11
書字表出障害 17
職業の選択 223
ジョブサポーター 183, 193
人材紹介会社 209, 211
新卒 213
身体感覚 70
診断 23, 40, 48, 58, 65, 71, 75, 103, 139
診断基準 11, 46, 95

258

心理検査..72, 75
スクールカウンセラー 69, 174
ストレス対処スキル 63, 69
生活面の悩み 24, 166
生活習慣..99
生活障害..31
生活自立..129
精神障害者保健福祉手帳 ...130, 154, 177, 179-180
精神遅滞...18, 34, 42-44, 95, 109-111, 113
成績評価..172
青年・成人期..72
早期発見..........93-108, 126, 128, 153, 158
ソーシャルスキル...............................171

た

大学生...21
対人関係の障害.............................46, 124
対人面の悩み..25
知的障害.........................…...18, 42, 153
　　――を伴わない発達障害..................13
知能検査...18, 42
知能指数............................18, 42, 111, 154
注意欠陥多動性障害.....79, 103, 128, 133, 166
注意欠如・多動性障害.................9-10, 14
聴覚..12
通常学級........................21, 35-36, 45, 96
デイケア..251
統合失調症..........................35, 49-50, 80
読字障害..16-17, 44

特殊教育..31, 36
特性と仕事....................................219, 224
特別支援学級................................94, 108
特別支援学校.97, 108, 147, 151-152, 157, 212, 220
特別支援教育.....9-10, 35-36, 64, 161-182

な

ニーズ 61, 73, 128-129, 168, 210
ニート 183
認知 10, 44, 70-71, 83, 88, 98, 101

は

発達
　パーソナリティの―― 62, 65
　――課題...72
発達障害者支援法....79-80, 128, 162, 165,
発達障害者支援センター 80-81, 128, 172, 177-178, 181
発達性協調運動障害........................10, 20
パニック..........................63-64, 84-86, 166
伴走型支援..188
非行 ..67, 69, 104, 109-110, 112, 184, 188
不安 26
フィードバック 72, 75
不注意..14-15, 112
不登校 ...15, 17, 67, 69-70, 80, 84-87, 122, 124, 184
プレイスアンドトレインモデル 188
併存障害..103

索引 259

保護者 36, 58, 95, 97, 99, 101-106, 129, 162, 164, 170, 172-174, 214
ボランティア 184
　――ネットワーク 183

ま

問題行動................109-127, 131, 138, 140
ミスマッチ 221

や

有病率 14, 16-17, 19

ら

療育手帳........113, 130, 151, 153-154, 158, 177, 213
ルール 61, 84-86, 89, 97, 100-101
レット症候群 12
レディネス... 107
連携...22, 90, 135-137, 140, 169, 177-178, 190
労働市場.. 158

わ

若者就労支援セミナー 194

◎監修者略歴

田中康雄（たなか やすお）

こころとそだちのクリニックむすびめ院長。
獨協医科大学医学部卒業。
児童精神科医師，臨床心理士，北海道大学名誉教授。
主な著書：『児童生活臨床と社会的養護』編著（金剛出版，2012年）
『発達支援のむこうとこちら』著（日本評論社，2011年）
『つなげよう』著（金剛出版，2010年）
『支援から共生への道』著（慶應義塾大学出版会，2009年）
『軽度発達障害』著（金剛出版，2008年）

◎編者略歴

藤森和美（ふじもり かずみ）

武蔵野大学人間科学部人間科学科教授。
大阪大学大学院人間科学研究科博士課程修了。
博士（人間科学），臨床心理士。
主な著書：『子どもへの性暴力―その理解と支援』共編（誠信書房，2013年），
『大災害と子どものストレス―子どものこころのケアに向けて』共編著（誠信書房，2011年），
『学校安全と子どもの心の危機管理―教師・保護者・スクールカウンセラー・養護教諭・指導主事のために』編著（誠信書房，2009年），
『保健室は震災救護センター』著（少年写真新聞社，2009年），
『学校トラウマと子どもの心のケア 実践編―学校教員・養護教諭・スクールカウンセラーのために』編著（誠信書房，2005年）

辻 惠介（つじ けいすけ）

武蔵野大学人間科学部人間科学科教授。
自治医科大学大学院医学研究科博士課程修了。
博士（医学）（精神神経科学），精神保健指定医，日本精神神経学会認定精神科専門医，臨床心理士。
主な著書：『〔改訂版〕精神保健の基礎と実際』共編著（文化書房博文社，2010年）
『医学書院 医学大辞典 第2版』分担執筆（医学書院，2009年）
『犯罪心理学を学ぶための精神鑑定事例集』著（青山社，2008年）
『ラルース臨床心理学事典』分担翻訳（弘文堂，1999年）

発達障害とキャリア支援

印　刷	2014 年 7 月 20 日
発　行	2014 年 7 月 31 日
監修者	田中康雄
編　者	藤森和美・辻 惠介
発行者	立石正信
発行所	株式会社 金剛出版　〒112-0005 東京都文京区水道 1-5-16 電話 03-3815-6661　振替 00120-6-34848
印　刷	平河工業社
製　本	誠製本

ISBN978-4-7724-1347-3　C3011　©2014　Printed in Japan

発達障害支援必携ガイドブック
問題の柔軟な理解と的確な支援のために

[編]=下山晴彦　村瀬嘉代子

●A5判　●並製　●520頁　●定価 **5,800**円+税
● ISBN978-4-7724-1280-3 C3011

理解から支援への移行を実現するため
4つのフェイズで発達障害を考える。
当事者中心の支援のため，今こそ求められる
支援者必携ガイドブック決定版！

対人援助専門職のための
発達障害者支援ハンドブック

[編]=柘植雅義　篁 倫子　大石幸二　松村京子

●B5判　●並製　●216頁　●定価 **2,800**円+税
● ISBN978-4-7724-1236-0 C3011

チームアプローチが主流となった
学齢期の発達障害支援について，
16の専門職種と12の支援内容にまとめられた
支援の実際を紹介する。

子どもから大人への発達精神医学
自閉症スペクトラム・ADHD・知的障害の基礎と実践

[著]=本田秀夫

●A5判　●上製　●190頁　●定価 **3,200**円+税
● ISBN978-4-7724-1331-2 C3011

乳幼児期から成人期までを縦断的に捉えた
「発達精神医学」の視点から，
発達障害の基本的知識と実践の考え方を示す
発達障害に関わるすべての臨床現場に必携の一冊。